新時代からの挑戦状

未知の少親多死社会をどう生きるか

執筆・座談会　金子 隆一
明治大学政治経済学部特任教授
前 国立社会保障・人口問題研究所副所長

座談会　村木 厚子
元 厚生労働事務次官

座談会　宮本 太郎
中央大学法学部教授

一般財団法人 厚生労働統計協会
Health, Labour and Welfare Statistics Association

はじめに

最近、これからのわが国について、「少子高齢社会」とか「人口減少社会」ということがあちこちで言われるようになっていますが、それは、どのような社会なのでしょうか。

私たちは、その本当の姿をよく知ろうともしないで、大変だと怯えたり、あるいはなんとかなるさ、とたかをくくったりしていないでしょうか。

そこで、本書は、まず、第一部で、わが国の人口問題研究の第一人者である、明治大学政治経済学部の金子隆一特任教授（前国立社会保障・人口問題研究所副所長）に、今後の「人口減少社会」の本当の姿について、人口学の視点から説明していただきました。専門的で、ともすれば理解が難しい話が、ていねいにわかりやすく説明されています。この第一部をお読みいただくことにより、わが国の今後の人口減少社会が、人類がこれまで経験したことがないものであることや、世間でしばしば誤解されていること等について、深く知ることができると思います。

そして、第二部で、この説明を踏まえて、有識者の方々による座談会を開催し、私たちが、今後、どのように生きていったらいいか、お話をいただきました。参加者は、金子特任教授に加え、元厚生労働事務次官の村木厚子様、そして、中央大学法学部の宮本太郎教授の、三人の方です。

今年は平成三〇年、そして、来年四月で、この平成時代も終わります。そこで、三人の有識者の皆さんには、もう一つ、平成時代をどのように振り返るかという議論もしていただきました。

座談会では、様々な視点から、興味深い話が展開されています。

本書が、読者の皆様がこれからのわが国の社会を生きていかれる上でのご参考に少しでもなれば幸いです。

目次

第一部 「人口減少社会」とはどのような社会なのか
―その実相を人口学の視点から解き明かします―

第二部 座談会

人口減少社会の中で、平成の三〇年間を振り返り、新しい時代の生き方を探る

第一部

「人口減少社会」とはどのような社会なのか

―その実相を人口学の視点から解き明かします―

明治大学政治経済学部特任教授
（前国立社会保障・人口問題研究所　副所長）
金子　隆一

はじめに

ほとんどの方が意識していないと思いますが、**現在の日本が直面している人口減少、少子高齢化という社会変動**は、これまで日本社会どころか人類が経験したことのない、歴史的な一大事です。

人類史の中で、例えば農耕革命や産業革命が、人間の生き方や社会をすっかりと変えてしまったように、今私たちが経験している人口変動は、現代社会のあり方をすっかり変え、新しい文明段階へと移行するきっかけになるほどの出来事かもしれません。

最近ではメディアや政府も、この事態の影響の大きさと深刻さに気がつき、それを「国難」とか「静かな有事」などと呼び、地域や人口の「消滅」というセンセーショナルな警句まで出るようになりました。しかし、言葉の上では大きく取り扱われているものの、なぜそうしたことが起きているのか、どう対処したらよいのかといった、事の本質的な部分を理解することは難しく、この歴史的一大事の扱いを持て余しているように見えます。

そうこうするうちに、これまではしばらく先の未来に起こることとして認識されてきた「人口減少社会」の影響が、既に私たちの生活の中にあらわれるようになってきました。

実は、影響どころか、**現代社会がよって立つ理念や、それを支える基本的な仕組みそのものが、新しい状況の中で、私たちの社会の存続を脅かし始めている**のですが、一般にはそのことは明確に認識されていないように見えます。

よく言われることは、今後増大する高齢層を支えるのに必要な年金や医療・介護などの社会保障費用を、みるみる減っていく現役世代で負担しなくてはならないため、彼ら一人当たりの負担が重くなっていく、さあどうしたものか、ということです。確かに、それはそれで深刻な問題なのですが、実は問題の「実相」は、もう少し深いところにあります。

後に詳しく説明しますが、例えば、人口高齢化が進むと有権者も高齢化するため、投票行動によって政治に参加する有権者や投票者の数も高齢層に偏るようになります。つまり、民主主義の大原則＝多数決原理は、**政治の意思決定を高齢層の意向へと偏らせる**働きがあるわけです。

また、経済の領域でも、経済活動を効率的に回転させるための資本主義の仕組み＝市場原理は、人口高齢化の下では、拡大する高齢市場への投資を促進しますが、一方の**若年層や子どもを対象とする市場は縮小を余儀なくされる**ので、投資も減りがちになります。つまり、子育て世代やその子ども層は、優れた製品やサービスを十分に得られなくなります。

ただでさえ高齢層を支えるための負担が重くなると言われている若年世代の生活へのサポートが、政治の意思決定においても、市場サービスにおいても不十分なものになっていけば、その帰結として少子化がいっそう進むことになるでしょう。少子化は、人口減少や高齢化の最大のエンジンですから、それらがいっそう促進され、事態はさらに深刻化して、次のサイクルに入ることになります。

つまり、**人口高齢化は民主主義や資本主義の仕組みを介して少子化を助長し、少子化がいっそう深刻な高齢化をもたらすという困った循環をつくり上げ、そのままでは社会は限りなく縮退に向かう**ことになります。今日の日本は、既にそうしたサイクルにとらわれているのではないでしょうか。そうであるならば、これまでの「少子化対策」に十分な効果が見いだせないのも当然と言えます。

社会にとって本当に怖いのは、こうした抜け出すことが困難な**悪循環の罠**にとらわれることです（Lutz,et al. 2006）。そして、今起きている人口変動は、社会経済システムの前提を変えてしまうことで、ここで紹介した以外にも様々な罠をつくり出していく可能性があります。このことは、今後の社会経済が、これまでの延長とは全く違う成り立ちを持ち、個々の制度を改善していくだけでは不十分で、**システムの根本的な改革、あるいは理念か**

らの再構築が必要であることを示唆しています。

その上、世界に先駆けて未曽有の人口高齢化を経験していくわが国は、この歴史的社会変動を真っ先に引き受けていくことになります。明治維新に始まるこれまでの近代化過程のように、海外に学ぼうとしても、先例はどこにも存在しません。人類的視点に立てば、むしろ日本は、**新たな社会経済再構築の「実験室」**となることを覚悟しなくてはなりません。創造力という真の英知が試される、そうした事態が私たちを待ち受けています。

本編では、まず基本に立ち戻って、**人口減少、少子高齢化という人口変動が、実際にはどのようなものなのか、それは社会経済にどのような影響を与えるのか**ということを概観したいと思います。個々の事例について、世の中には誤解されていることが数多くあります。そうした誤解については、人口学による科学的な知見を紹介したいと思います。

人口変化の視点から眺めると、今、社会経済に起きている様々な事象が、一つの大きな歴史的転換を構成していることに気づくでしょう。そのような変化の実相を確認した上で、私たちはどこに向かっているのか、どこに向かうべきなのか、そのためにはどうしたらよいのか、といった核心的な問いに向き合いたいと思います。皆さんがこの新しい時代を考えるための素材やヒントを少しでも多く提示できればと思います。

一　日本の人口動向の概観

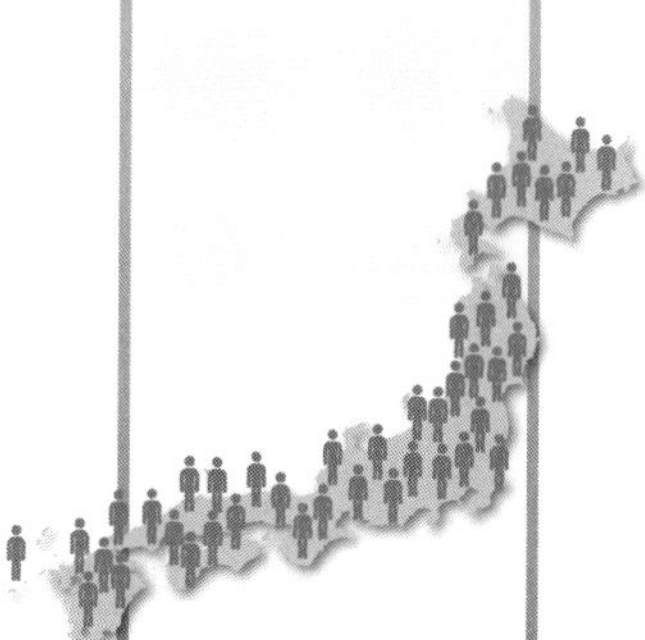

（一）人口減少・少子高齢化を見る

【歴史的人口推移の概観―生態学モデルからの逸脱】

人類は、数百万年の歴史のほとんどの期間を少人数のグループで生き延び、世代を継いできました。旧石器時代の人口は、ほかの大型哺乳類などと大差なく、初期の数万～数十万人から、最終的に数百万人程度と言われています。人口に目立った増加が始まったのは、約一万年前に人類が農耕を開始し、定住生活を始めて以降のことです。図1は、旧石器時代から未来にわたる世界人口の推移を描いたグラフです。

自然界における生物集団の個体数の推移は、生存条件がよくなると指数関数的に、つまり直線的ではなく加速的に増加しますが、次第に個体数に見合った食物が得られなくなる

図1　世界人口の歴史的推移

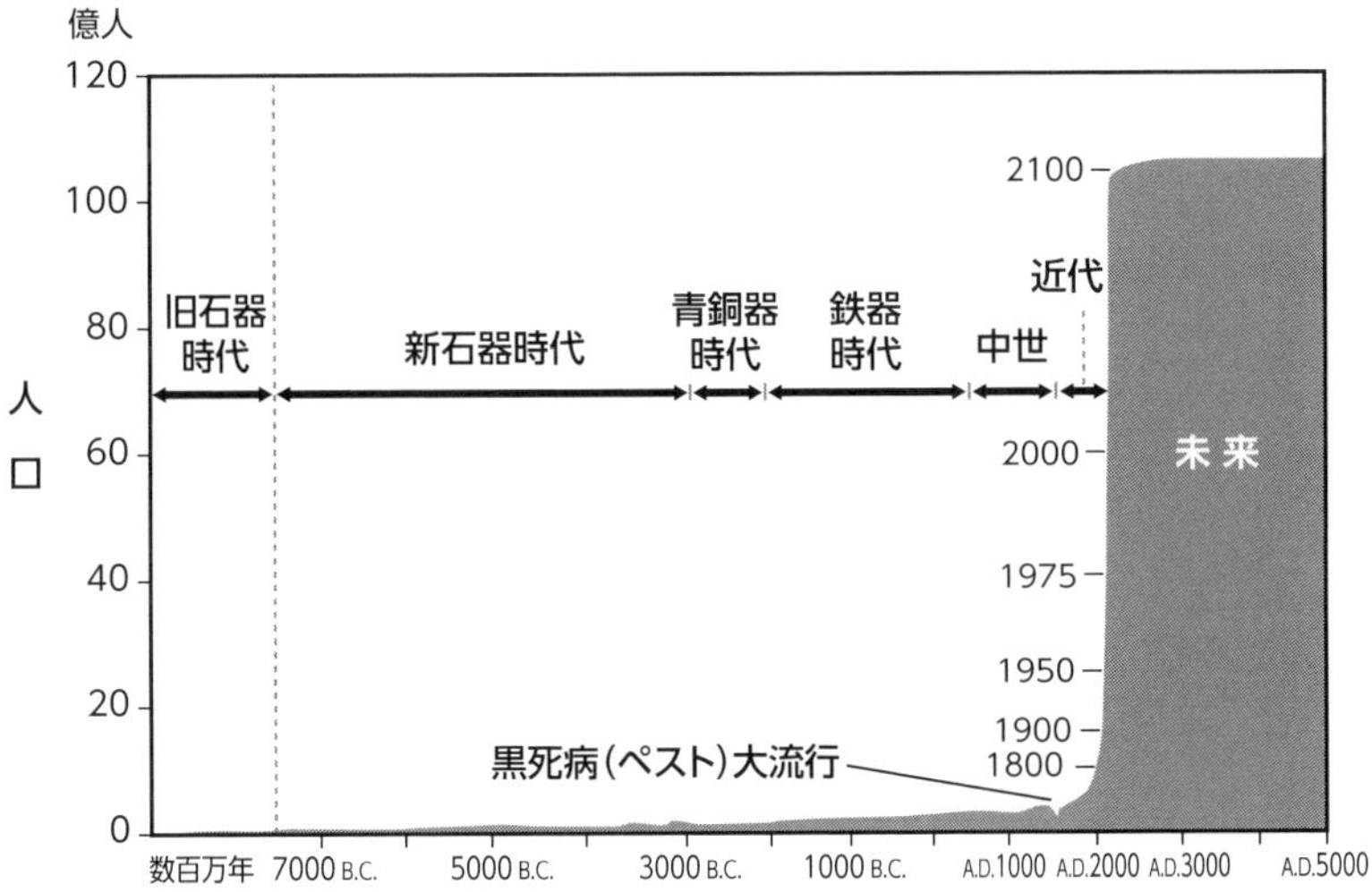

資料　McFalls Jr., Joseph A., (2007), "Population: A Lively Introduction, 5th Edition"

など、環境収容力の上限に近づくと、急速にその値付近に収束し、それ以上は増えなくなります。この過程をモデル化すると、個体数の時間的経過が「S」の字を横に引き伸ばしたようなグラフとなるので、**S字型人口モデル**などと呼ばれます。

　こうした生態学モデルは、人間についてもよく当てはまります。図1では、少々極端な形状ではあるものの、世界人口がS字型の曲線を描いて成長していることがわかります。特に注目すべきは、一七世紀半ば以降の近代化とともに起こった爆発的な人口増加です。人間の歴史は文明化の階段を徐々に上ってきたという印象がありますが、現在の人口は、比較的最近になって急速に形成されたわけです。そしてこの図では、西暦五〇〇〇年までの未来の推移が描かれていますが、この部分は

図2　日本人口の歴史的推移

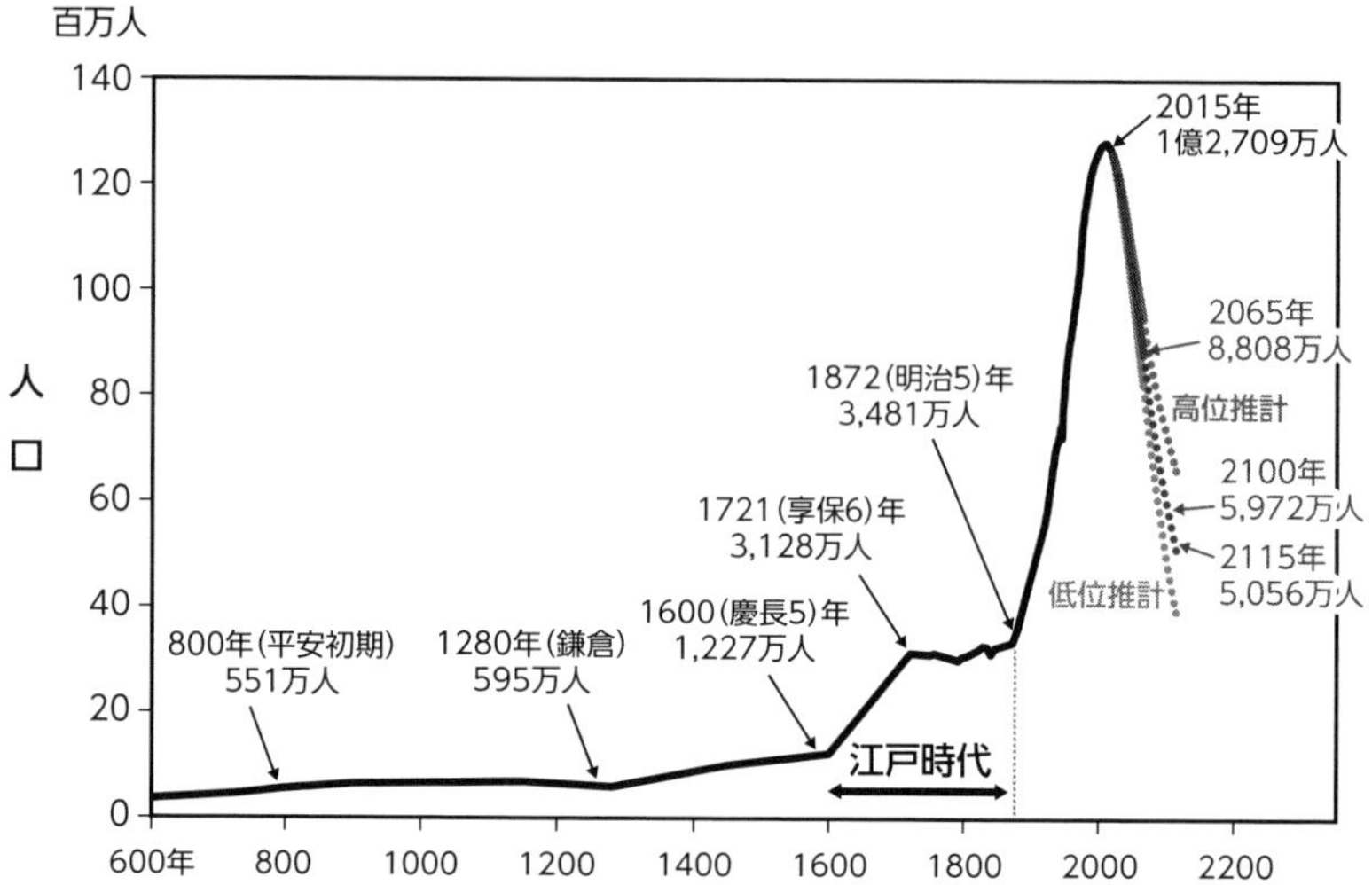

資料　国立社会保障・人口問題研究所「人口統計資料集」(1846年までは鬼頭宏「人口から読む日本の歴史」、1847〜1870年は森田優三「人口増加の分析」、1872〜1919年は内閣統計局「明治五年以降我国の人口」、1920〜2015年は総務省統計局「国勢調査」「推計人口」). 2016年以降は国立社会保障・人口問題研究所「日本の将来推計人口(平成29年推計)」出生中位・死亡中位推計.

国連による二一〇〇年までの将来推計と、S字型人口モデルに従って描かれた予測ということになります。

日本について見てみましょう。図2に、西暦六〇〇年頃（飛鳥時代）から二一世紀を通した日本人口の推移を示しました。この中にもS字型人口成長の典型的なパターンが見られます。**江戸時代**の部分です。この時代の人口推移を見ると、前半には前近代としては異例な速度の人口増加が見られます。しかし、中頃に三〇〇〇万人強の水準に達した後に人口の増加は止まり、幕末に至るまでこの水準で推移しています。

前半期の急増は、徳川幕府の成立により戦乱が終息し、食糧生産が安定化した上、開墾による農地拡大や農業技術の発達、さらには貨幣経済の進展などによって、環境の人口収容力が大幅に拡大した結果と考えられます。これに対して、後半期は人口が収容力の上限近くに達した上、世界的な寒冷化などの気候不順も重なり、生活の苦しさや飢饉《ききん》の頻発など（享保・天明・天保の江戸三大飢饉はこの時期に起きたものです）による死亡率の高止まりによって、人口は一定水準を超えることはありませんでした。結婚を控えたり、間引きと呼ばれる新生児殺しなどで、家族規模を小さく抑えるなどの予防的な行為もあったと言われています。

鎖国政策や日本が島国であることによって海外との人や物資の交流は極めて限られており、事実上閉鎖状態だったことで、人口がモデルに近い推移パターンを描いたものと考えられ、まさに生態学の実験室のような状態だったわけです。

その後の推移を見ていきましょう。再び本格的な人口増加が始まったのは幕末です。そして明治維新の後、日本の人口は近代化に伴う生産力の増大に並行して、明治、大正、昭和期を通して増え続け、二〇〇〇年代後半にピーク(*)に達するまで、太平洋戦争の一時期を除いて一気に増えてきたといってよいでしょう。

＊公的な統計上、月別に見た日本の総人口のピークは二〇〇八年一二月時点であり、一二八、〇九九、〇四九人と

なります（総務省統計局「国勢調査結果による補間補正人口―平成七年及び一二年国勢調査の結果による補間補正―」より）。

明治維新以降のおよそ一世紀半にわたるこの期間の人口増加は、平均すると**年当たりおよそ一％の増加率**を示しました。これは人口が約七〇年で二倍になるペースであり、実際日本人口は幕末と比較して四倍近くとなりました。この増加率一％というペースは、一九世紀以降の近代世界ではありふれた速さですが、仮に五〇〇年続くと人口は一四八倍になり、千年続いた場合には二万二千倍を超えるという、実は**爆発的な増加速度**です。ですから歴史的な観点からは長期に継続することはあり得ない、異常な速度ということになります。つまり、明治期以降の日本の人口増加は、歴史的には異例な出来事であり、早晩終息することは必然であったとも言えます。

さて、ピークを過ぎた今後の人口推移はどうでしょうか。図2の将来部分は、政府が作成し公表している将来推計人口です(*)。

*国立社会保障・人口問題研究所「日本の将来推計人口（平成二九年推計）」。以後、日本の将来推計人口に関する数値は、別途記載しない限り、全て同資料によります。同推計は、二〇一五年国勢調査の結果を出発点として、五〇年後の二〇六五年までを推計したもので、その後二一一五年までの五〇年間は二〇六五年の出生率や死亡率の状態が続いた場合の人口を示す「参考推計」としています。

この推計によれば、既に減少を始めたわが国の人口は今後加速的に減少を続け、二〇六五年には、ピーク時から約四千万人減（ピーク人口の三一・二％減）の八八〇八万人となり、二一〇〇年には約六千八百万人減（同五三・四％減）の五九七二万人となっています。この推計によって見込まれている**今後百年の人口減少は、平均するとほぼマイナス一％と**なります。明治期以降の人口増加と方向は逆ですが、速度はほとんど同じくらいの急速なものとなっています。そして、先に見たＳ字型生態学モデルとは全く異なり、ピーク後に急速に下降するパターンを示しています。つまり、日本の将来人口は、一般的な例から逸脱した推移となることが見込まれているのです。これはどうしたことでしょうか。

まず、日本の人口推移の特異性の一つは、人口増加の終息や減少が、生物一般の例のように死亡率の上昇によって起きるのではなく、**出生率の低迷によって起こる**という点です。

Ｓ字型人口モデルで人口の増加が止まるのは、通常は個体に行きわたる食糧などが足りなくなることによって、生存が脅かされ、死亡率が上昇することで起こります。しかし、わが国の場合、今後死亡率が上昇するといった兆候は一切なく、むしろ死亡率低下が続くことによって平均寿命は延び続けることが見込まれています。それに対して出生率は、いわゆる人口置換水準（三五ページ参照）を大きく下回っており、この状態が続くことによって、日本の人口は減少に向かうとみられているのです。このように、人口置換水準を大幅に下回る出生率が続くことこそが、これまでの常識とは違う人口減少をもたらす原因となります。

S字型生態学モデルは、過去に絶滅を免れてきた生物種の一般的性質を表現するものですから、日本の人口がそこから逸脱していくという事態は、一般の生物が持っている、自らの遺伝子集団を保存しようとする仕組みから逸脱しているように見えます。つまり、こうした将来推計人口が示す今後の日本の人口推移は、**この社会において、世代の再生産サイクルに大きな問題が生じている**ことを示しているように見えます。ときには、そうした観点から、現在の社会経済システムを見直してみることも必要だと思います。

【人口高齢化―新たな社会経済システムへの移行】

図2の人口推移を改めてよく見ると、私たちは今、日本の長い歴史の中でも非常に特別な時期、すなわち日本人口のピークと、恒常的増加から恒常的減少への歴史的な転換点を通過しつつあることに気がつきます。日本人はこれまで、右肩上がりの人口成長時代、いわば上り坂時代を生きてきましたが、今後は右肩下がりの下り坂のみの時代を生きていく

図3　明治期～21世紀の日本人口・年齢構成の推移

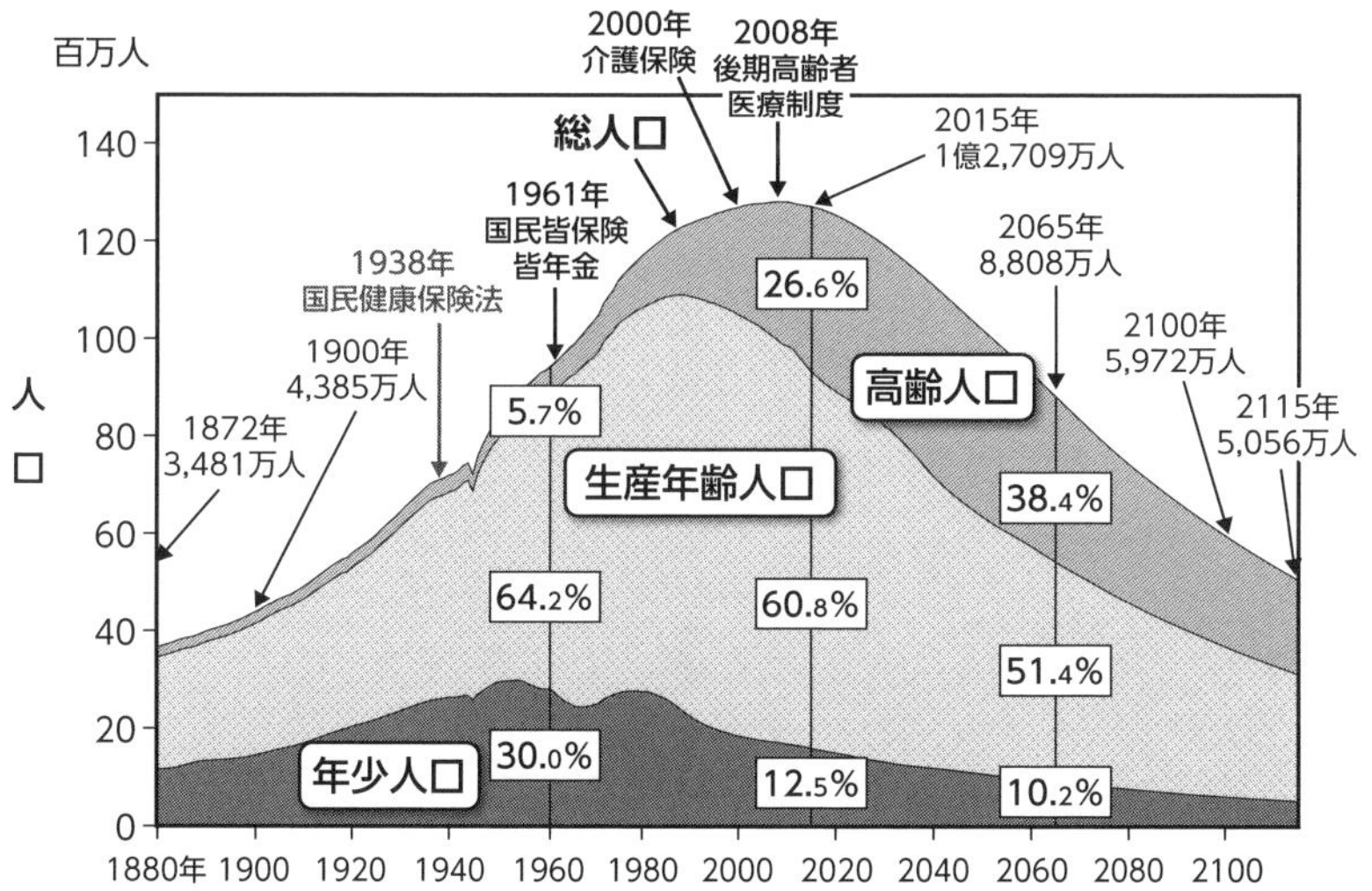

資料　1880～1919年は内閣統計局推計、1920～2015年は総務省統計局「国勢調査」「推計人口」、2016年以降は国立社会保障・人口問題研究所「日本の将来推計人口（平成29年推計）」出生中位・死亡中位推計.

ことになります。

図3には、明治期から二一世紀を通しての人口推移を、年齢構成の変化と合わせて描いたグラフを示しました。この図によれば、上り坂と下り坂がちょうど同程度のペースであることがよくわかります。したがって、私たちは今後、これまでに経験してきた人口規模を、逆回しに経験していくことになります。

例えば、過去において総人口が一億人に達したのは、人口がピークとなった年次（二〇〇八年）の四一年前である**一九六七年**であり、将来最後に一億人を維持する年は、ピークから四四年後の**二〇五二年**となっています。ただし、それらの年の高齢人口（六五歳以上人口）と高齢化率（六五歳以上人口の割合）を比較すると、一九六七年は六六七万人、六・六％であるのに対して、二〇五二年では、なんと三七九三万人、三七・九％となっています。

＊六五歳以上の人口は、専門的には「老年人口」と呼ばれますが、本書では「高齢人口」と呼んでいます。

つまり、**二〇五二年の高齢人口、高齢化率は、ともに、一九六七年の五・七倍に増大**することになっているのです。それらの二つの年は、総人口が同じであっても、その中身は全く異なる社会であることがわかります。図3の総人口の推移は、実にきれいな左右対称形を描いていますが、**上り坂の部分と下り坂の部分とでは、全くの別世界が展開している**といっても過言ではありません。

現在、私たちの住む日本社会は、その多くの制度や仕組みを戦後に見直し、新しく構築してきました。今ある全ての社会経済システムは、人口上り坂社会においてつくり上げられてきたわけです。しかし、人口も経済も拡大基調にある社会で機能するシステムと、縮小基調にある社会で機能するシステムが同じはずはありません。とりわけ、図において年齢構成の変化が示す通り、上り坂では高齢人口は非常に薄い層を成しているのに対して、ピーク付近以降の下り坂では、全体の四分の一から四割近くを占める分厚い層となっています。社会経済の基盤となる人口が、このように全くの別世界となっているわけですから、

図4　日本の人口ピラミッドの変化：1965年，2015年，2065年

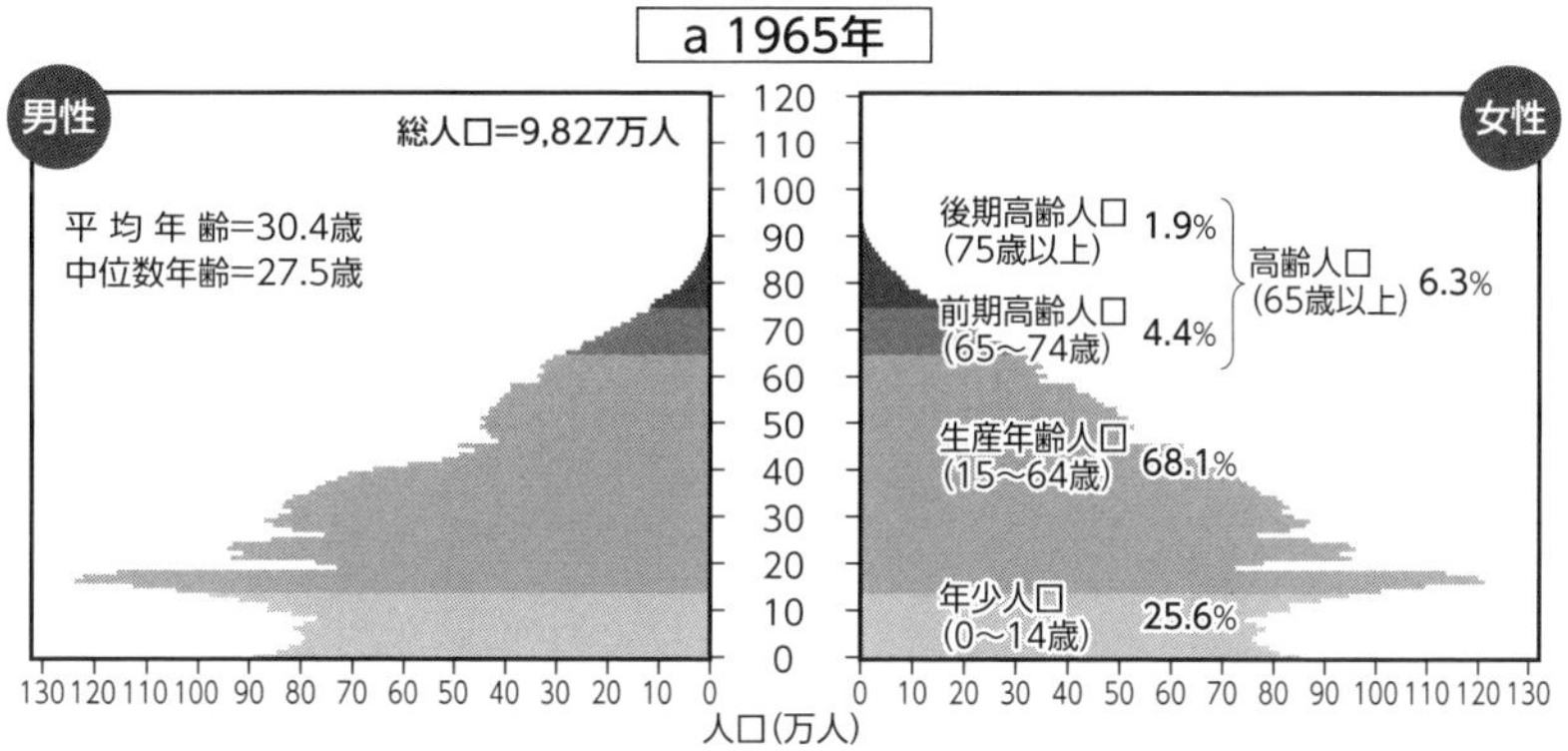

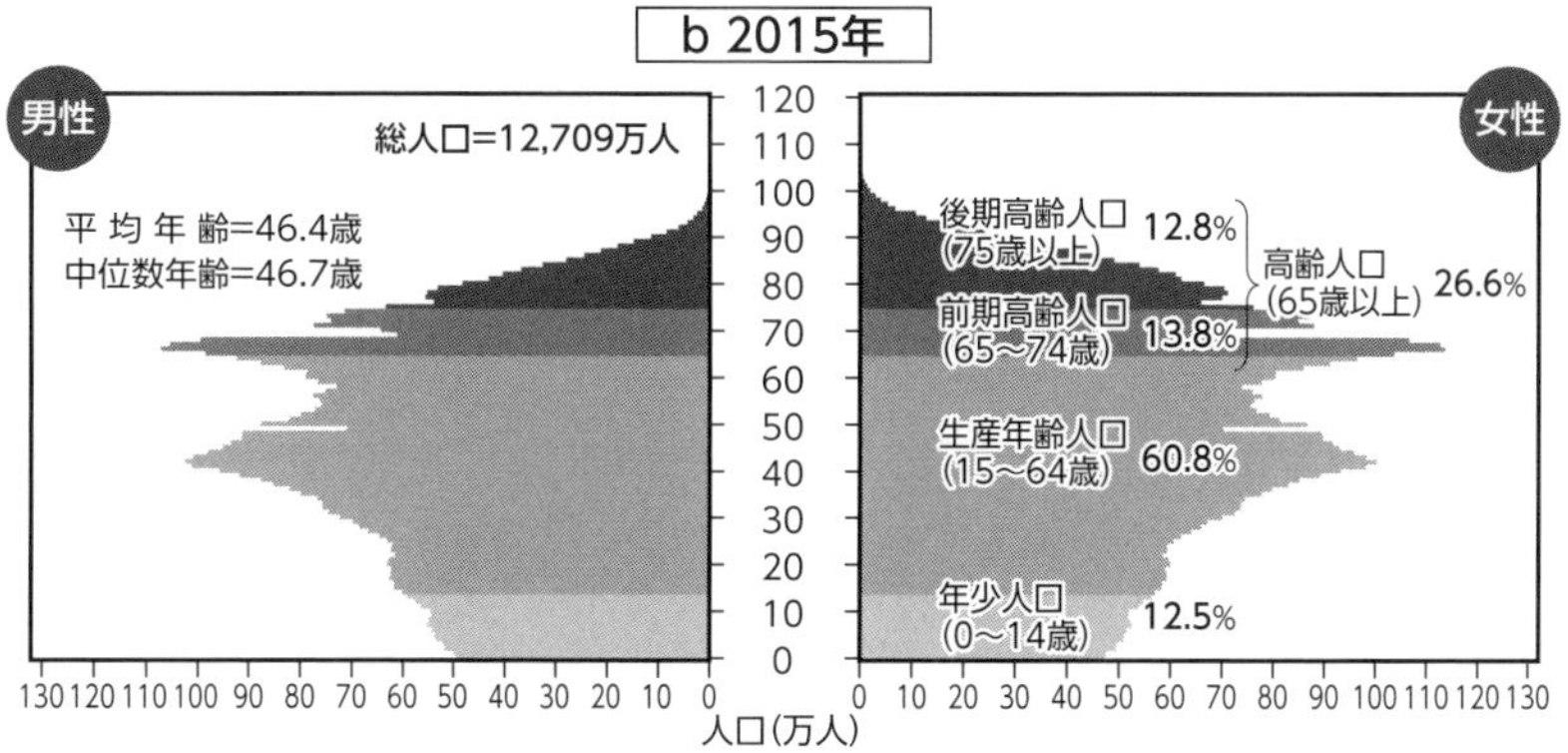

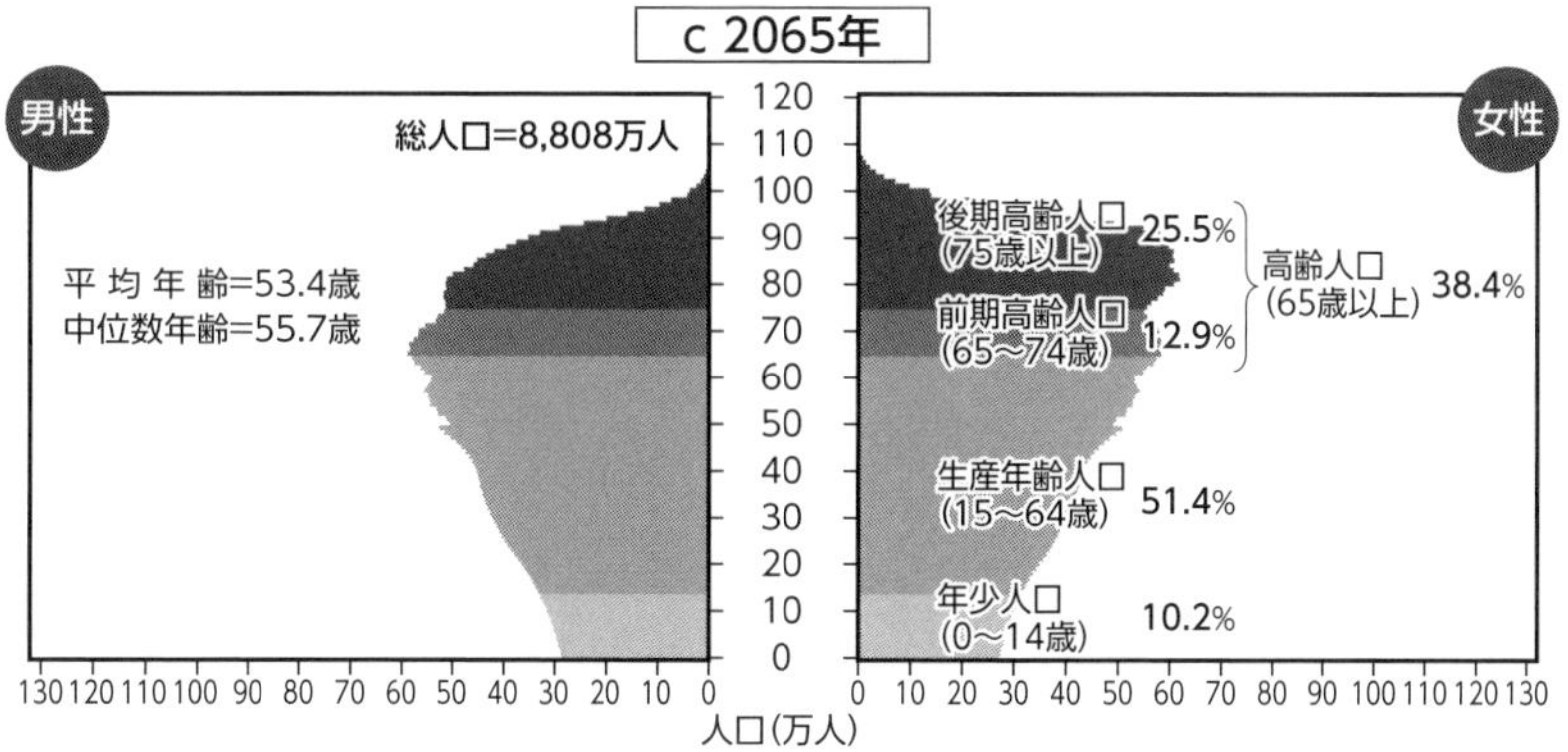

資料　1965年、2015年：総務省統計局「国勢調査」、2065年：国立社会保障・人口問題研究所「日本の将来推計人口（平成29年推計）」出生中位・死亡中位推計．

やはり下り坂社会では上り坂社会のシステムが、そのまま機能する見込みはほとんどないと考えるのが自然でしょう。

　そうした人口の年齢構成の変化を最もわかりやすくあらわすのは、**人口ピラミッド**です。図4には、一九六五年、二〇一五年、二〇六五年の三時点における人口ピラミッドを示しました。過去の一九六五年における高齢人口は非常に少なく、高齢化率は六・三％にすぎませんでした。とりわけ、後期高齢人口（七五歳以上人口）は一・九％しかおらず、こうした高齢層に対してどんなに手厚い施策を打ったとしても、これを支える生産年齢人口（一五～六四歳）は豊富であり（六八・一％）、財源や人材に問題はありませんでした。ちなみにこの年では、人口を半分に分ける年齢にあたる**中位数年齢は二七・五歳**であり、日本国民の半数がこの年齢以下の青少年でした。これなら将来の労働力（社会保障の担い手）に対する心配もほとんどなかったでしょう。

　最近の二〇一五年になると、高齢化率は二六・六％となっており、その半分ほどの一二・八％が七五歳以上の後期高齢者となりました（同図b）。しかし、生産年齢人口の割合もまだ六割を擁しており（六〇・八％）、社会の支え手は十分にいるように見えます。ただ、次世代の支え手となる**年少人口（〇～一四歳）は一二・五％**と、高度経済成長期である一九六五年の二五・六％と比べると、半分しかおらず、これからのことを考えると非常に心もとない状況となっています。

それから五〇年後の二〇六五年の状況について見ると、高齢人口は三八・四％に達すると推計されており、人口ピラミッドの形状は花瓶のような逆三角型へと大きく変わっています（同図c）。高齢者の中でも、七五歳以上の後期高齢者が二五・五％に達し、前期高齢者（六五〜七四歳）のほぼ二倍となるなど、高齢層の中でもより高齢な層が構成比を増していきます。**中位数年齢は五五・七歳**となっており、国民の半数がこの年齢以上となります。かつて日本の多くの企業において、五五歳が定年退職の年齢であったことを考えると、驚くべき高齢社会であるといってよいでしょう。

人口ピラミッドを詳細に比べることによって、上り坂社会と下り坂社会では、たとえ同じ程度の人口規模であっても、その中身は全く異なることが実感できます。社会経済の成り立ちの基本となる人口の年齢構成がこれほど違うとなると、社会のあり方がどれほど違った世界となっているのかは、想像もつかないというのが本当のところです。

【人口動向のまとめ―歴史的な大転換が起きている】

- 日本の人口は、明治維新以降一五〇年間の拡大から、今後はほぼ同速度で縮小に向かう。
- こうした日本の人口推移は、生物学、生態学の理論を逸脱した現象に見える。
- 人口の年齢構造は、わずかな期間で大きく逆転（△→▽）する。
- したがって、人口の上り坂で構築された社会システムは、下り坂社会では機能しそうにない。

（二）国際比較―世界の中の日本人口

人口の停滞と高齢化を経験しているのは日本だけではありません。むしろ、欧米の先進国は日本よりはるかに以前から、死亡率・出生率・人口増加率の低下と、その帰結である人口高齢化を経験してきました。ここでは、現在わが国が直面している人口変動が、世界の国々と比較して、どのような位置にあるのかを確認しておきましょう。

図5　世界人口の増大と日本人口：1950年，2015年，2050年

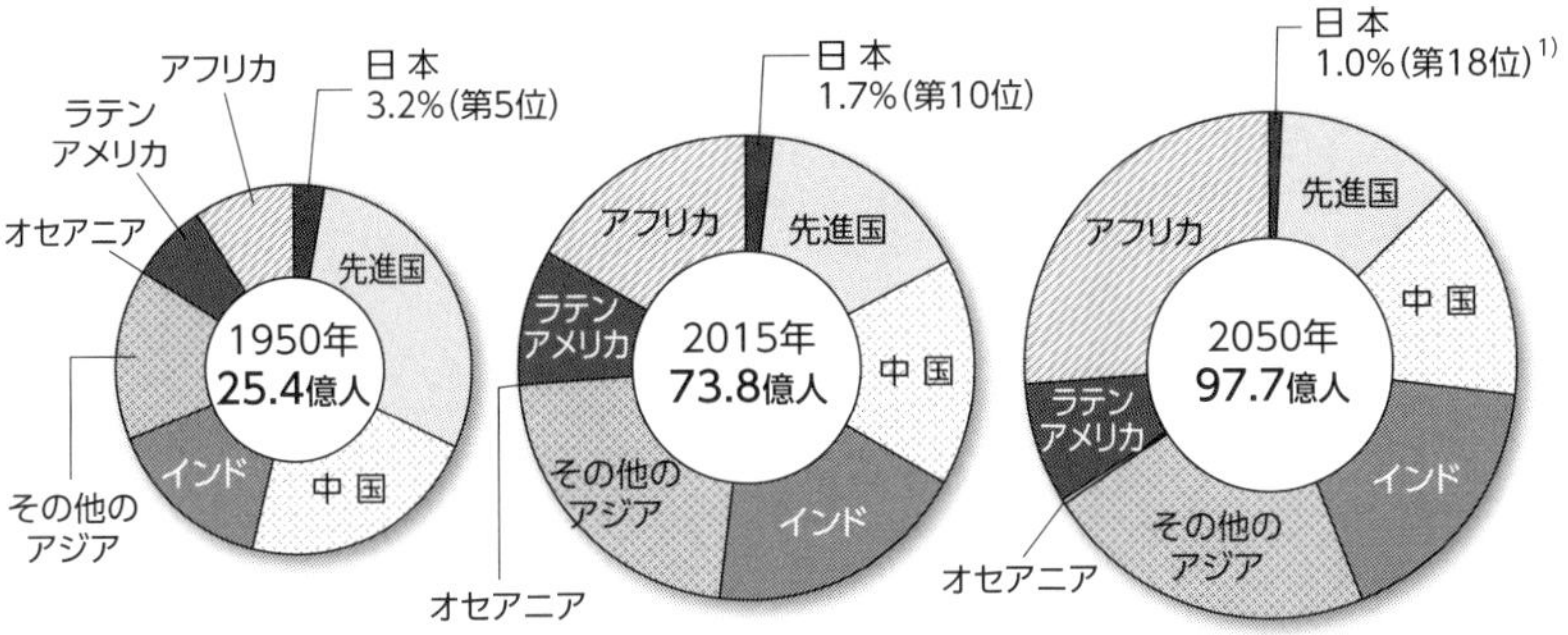

資料　United Nations (2017), World Population Prospects: The 2017 Revision. 日本の1950年と2015年は総務省統計局「国勢調査」、2050年は国立社会保障・人口問題研究所「日本の将来推計人口（平成29年推計）」出生中位・死亡中位推計.

注　1）日本は国立社会保障・人口問題研究所推計、他国は国連推計による順位（国連推計による2050年の日本の順位は第17位）

【世界人口の増大と人口シェアの変貌】

まず、人口規模について、比較してみたいと思います。図5に一九五〇年、二〇一五年、二〇五〇年の三時点における世界人口と、その地域構成を比較しました。この図では、世界人口の地域によるバランスの変化がわかります。過去の一九五〇年の世界人口は二五・四億人であり、その中で日本人口のシェアは**三・二%**、順位は世界**第五位**でした。当時の日本は、世界でも有数の人口大国だったわけです。

これに対して、最近の二〇一五年では、世界人口が七三・八億人と三倍近くに膨らむ中、日本人口のシェアは**一・七%**へと半減し、順位も**第一〇位**に後退しました。ただし、これは世界人口に対する先進国全体の人口シェアが減少したためで、先進国に占める日本人口のシェアは減りませんでした（一九五〇年、二〇一五年ともに一

〇・二%)。ちなみに、この間に人口増加が著しかったのは、中国、インドならびにその他のアジア諸国で、人口増加から見ると、戦後から現在までの世界はアジア増大の時代だったと言えます。

国連が予測する二〇五〇年の世界人口九七・七億人に対する日本人口のシェアは、引き続き低下してちょうど**一・〇%**となる見込みであり、この間は先進国の中でも低下速度が最も早く、先進国に占める日本人口のシェアは七・九%に縮小する見通しです(*)。

*ここでは将来の人口について、日本人口には日本の公的な人口推計、世界人口には国連推計(二〇一七年版)を用いています。日本人口として国連推計を用いた場合、日本人口のシェアは二〇五〇年で対世界一・一%、対先進国八・四%となります。

今後、人口が目立って増え続けるのはアフリカで、実数も世界人口に占めるシェアも二一世紀を通して増え続ける見込みです。このように、世界の地域別に人口規模やシェアが大きく変化していくのを見ると、今後、世界の地政学的な勢力図が一変していくことがわかります。例えば、今世紀の後半は、アフリカの国々が、国際政治や経済において、重要なプレーヤーになってくることでしょう(*)。

*アフリカおよびアジアの人口シェアは、一九五〇年ではそれぞれ九・〇%/五五・四%、二〇一五年で一六・二%/五九・九%、二〇五〇年で二五・九%/五三・八%、二一〇〇年で三九・九%/四二・七%となります。

図6　世界の地域別にみた人口増加率の長期推移

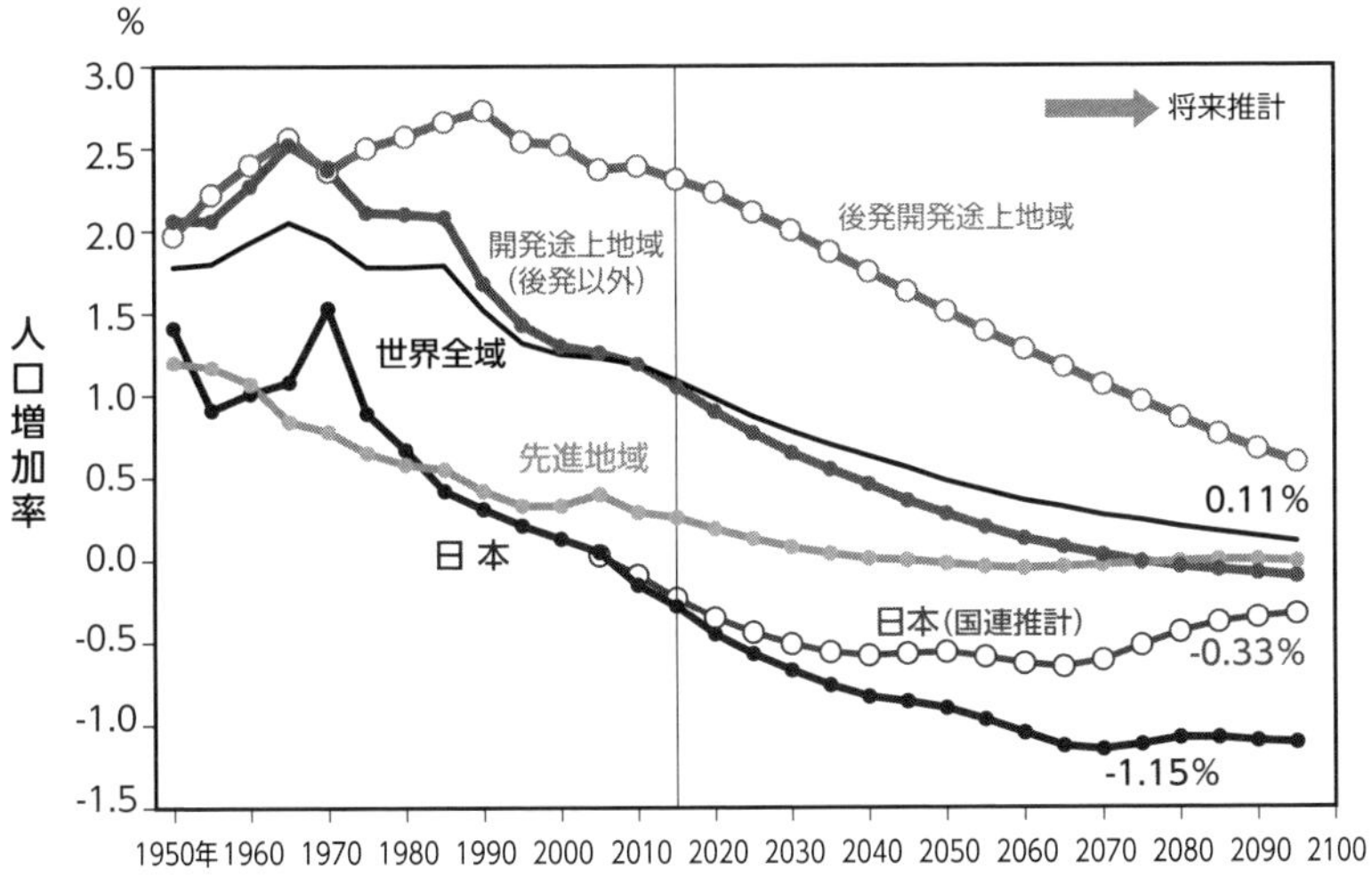

資料　United Nations (2017), World Population Prospects: The 2017 Revision. 日本の1950～2015年は総務省統計局「国勢調査」、2016年以降は国立社会保障・人口問題研究所「日本の将来推計人口（平成29年推計）」出生中位・死亡中位推計.

もっと詳しく人口の変化ペースについて調べてみましょう。一九五〇年代には、日本を含めた先進地域全体の人口増加率は一%前後でした。前述のように、この水準の増加率は、長期的には人口爆発につながる増加ペースなので、歴史上では長く継続することはありません。実際、先進地域の人口増加率はその後直線的に低下して、現在は〇・一〜〇・二%となっており、今世紀半ば以降は、ほぼゼロ%となって、人口規模は一定化する見込みです（図6）。

これに対して日本の人口増加率も、一九九〇年代まではこの先進地域の平均的な水準に同調していたのですが、二〇〇〇年頃からたもとを分かつ形で、単独で加速的な低下を始め、現在は早くも**マイナス〇・二%程度**となっています。

そして今後も低下は続き、**二〇六〇年以降はマイナス一％を下回る**ペースでの減少が恒常化する見通しとなっています。

前述の通り、マイナス一％の人口増加率とは、人口が約七〇年で半分に、五〇〇年で一四八分の一に、千年で約二万二千分の一になるペースですので、将来、この状況が変わらなければ、先進地域の中で人口シェアを縮小していくどころか、日本の人口は本当に消滅に向かってしまいます。

ただし、国連推計による日本人口に対する今後の推計値はこれとは少し違っていて、増加率が最も低い値は、二〇六五～二〇七〇年のマイナス〇・六五％で、今世紀末の二〇九五～二一〇〇年ではマイナス〇・三三％となっており、日本独自の推計よりはマイルドな減少ペースとなっています。国連推計では、ほとんどの国に対して、出生率がいずれは人口置換水準に収束すると想定し、日本の出生率も回復していくと想定されているためです。この想定は、予測というよりも、将来において全ての国の人口がなくならないことを前提にするためのものと考えることができます。

しかし、それでも日本人口については、推計期間の二一世紀末までには、増加率がゼロにまで回復することはなく、マイナスにとどまっているので、今世紀中はかなりのペース

図7　世界各地域の高齢化率の推移：1950〜2100年

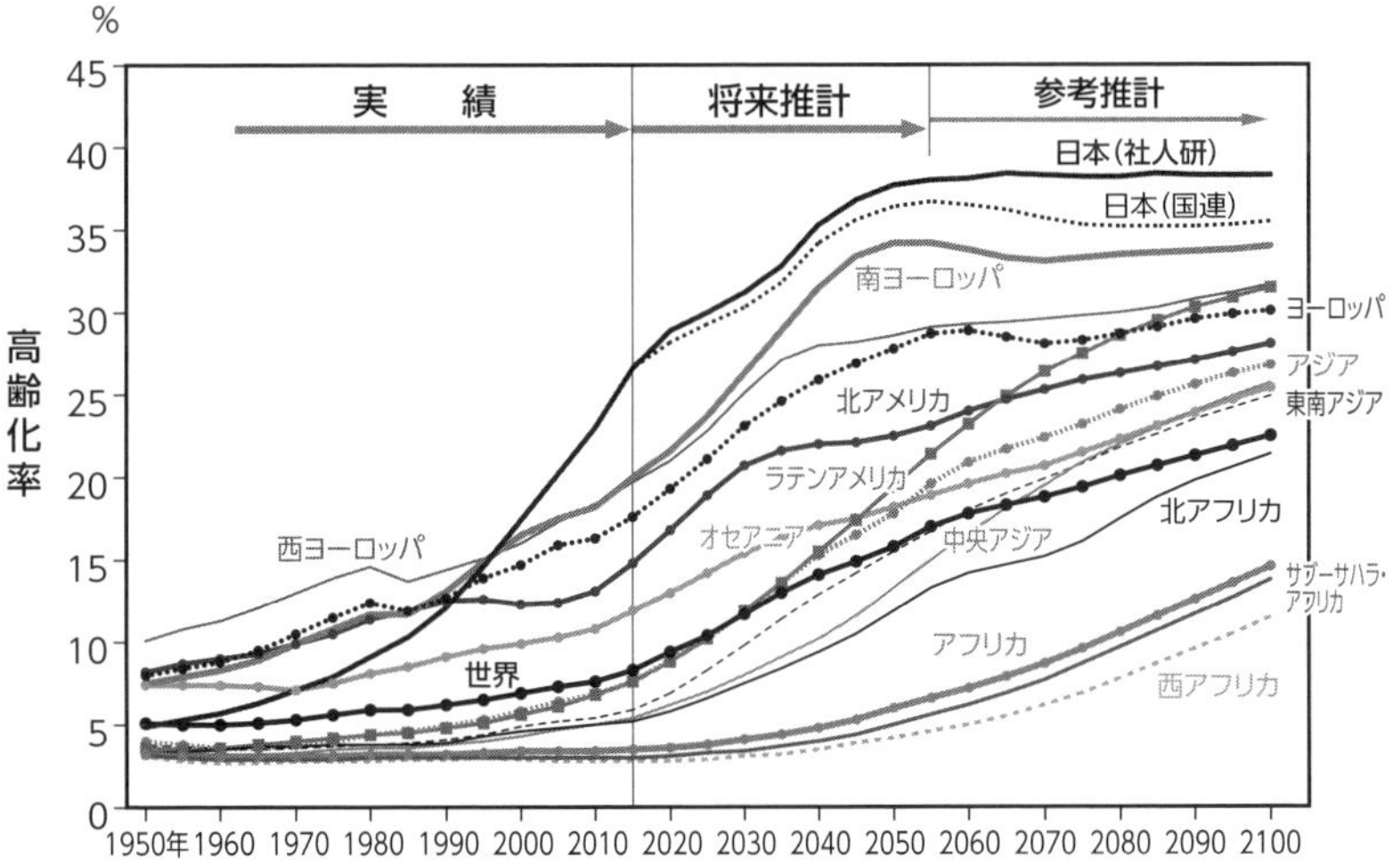

資料　United Nations (2017), World Population Prospects: The 2017 Revision. 日本の1950〜2015年は総務省統計局「国勢調査」、2016年以降は国立社会保障・人口問題研究所「日本の将来推計人口(平成29年推計)」出生中位・死亡中位推計.

で減少が続くと予測されていることには違いありません。

つまり、日本国内でも国連でも、公的機関の専門家による見通しでは、**今世紀中に日本の人口減少が止まったり、ましてや増え始めることは、到底考えられない**とされています。

【世界の高齢化―二一世紀は人類高齢化の世紀】

さて、次は、人口高齢化についての国際比較をしてみましょう。

国連による世界地域の高齢化率の長期推移を見ると、今後全ての地域で人口高齢化が進むことがわかります（図7）。しかし、同図では、人口高齢化の開始時期、ペース、到達水準には、地域により非常に大きな違いがあることもよくわかります。

その中にあって、日本は二〇〇五年頃までに世界一の高齢化国となりました。高齢化率は、二〇一五年現在で二六・六%(*)と、世界第二位のイタリアより四・三ポイント、第三位のドイツより五・五ポイントも高くなっており、**国民四人に一人以上が高齢者となる、世界で唯一の国**となっています。また、図でもわかる通り、今後も日本は二一世紀を通して世界トップクラスの高齢化国として過ごすことが確実であり、**人類が未だ経験したことのない状況を、世界に先駆けて経験していく**ことになります。

*二〇一八年一月一日現在は、二七・八%（概算値）。総務省統計局「人口推計」より。

図7でも、日本独自の将来推計と国連推計では、今後の高齢化率の推移について違いがあることがわかります。これも人口増加率の場合と同じで、今後出生率が人口置換水準に向けて回復していくか否かの想定の違いによるもので、回復していくと想定する国連推計の方が、高齢化率は低めの推移となっています。しかし、いずれも今世紀を通して、高齢化率が世界トップクラスを維持することは確実とみています。

人口高齢化は、その到達水準もさることながら、そこに至る速度も重要です。なぜなら、その速度によって、**社会が制度改革や技術開発などを通して、高齢化に適応していく時間**

的余裕の有無が決まるからです。実はこの高齢化ペースにおいても、日本は異例です。例えば、歴史上最も早く高齢化が始まったフランスでは、高齢化率が七%から倍の一四%になるのに要した年数は一一五年、三倍の二一%に達するまでの年数は、予測も含めて一五七年とされるのに対して、日本では、それぞれわずかに二四年、三七年しかかかりませんでした。今後もこのペースは今世紀半ば頃まで衰えません。

したがって、日本では人口高齢化による社会変化に対処する時間は、非常に限られており、**社会保障制度の改革や施設整備などが後手に回りやすい状況にあります**。わが国においては、とにかく迅速な改革が求められているのです(*)。

*人口高齢化においてわが国に続く中国と韓国では、高齢化ペースはわが国よりも早いと推計されています。高齢化率が七%を超えてから、将来二一%に至る年数は中国が三三年、韓国が二八年と推計されています(国連推計(二〇一七年版))。

それでは、なぜ、わが国では人口高齢化の到達水準も、変化のスピードも、ともに突出しているのでしょうか。それに答えるには、まず、人口高齢化をもたらす原因、すなわち**高齢化促進のエンジン**は何かを知る必要があります。それは**寿命の伸長と出生率の低下**の二つです。

わが国では、平均寿命がほぼ世界一であることはよく知られていますが、実際、一九八

○年代以降、男女合計の平均寿命は、世界最長を更新し続けています。平均寿命が延びれば、高い年齢まで生き延びる人々が増えますから、長寿化が人口高齢化を促進することは明らかです。

一方、出生率の低下が続くと、若い世代の人口が次第に縮小し、既存の高齢人口の割合が相対的に増すことになります。日本では長年にわたって出生率が低下を続け、現在は韓国、台湾など東アジアの国々とともに、世界の最低水準のグループに属しています。つまり、一方では世界一の長寿化が進み、他方では最も少子化が進んだグループにいるのですから、日本は**高齢化の二つのエンジンをフル回転させている**ようなものです。

さらに、少々専門的な話になりますが、この**二つのエンジンが持つ高齢化を促進する効果は、それぞれ独立しているものではなく、出生率が低ければ低いほど、寿命伸長の高齢化促進効果も増進する**というメカニズムがあります。出生率さえ人口置換水準以上を維持していれば、長寿化の高齢化促進効果はそれほど強くないのですが、出生率がそれより低いと、低出生率による高齢化促進効果に加えて、長寿化による効果まで大きくなるという、不都合なメカニズムが存在します。

それらの組み合わせによって、日本は現在、世界一高齢化した国となっているのです。

しかも、この状況がいつか変わるという見込みも兆しも、今のところ見当たらないので、日本は将来にわたって、**人口高齢化の「エリート」であり続ける**ことが見込まれているのです。

【国際比較のまとめ－世界でも特異な日本の人口推移】

・世界人口の中での日本人口のシェアは、一九五〇年の三・二％から現在までに半減し、二〇五〇年までには、三分の一になる見込み。

・二一世紀を通して、日本人口の減少ペースは、世界有数のケース。

・また、二一世紀を通して、日本人口の高齢化率は、世界トップクラスを維持する。

・こうした日本の人口推移の特異性は、長寿世界一と最低水準の出生率の組み合わせが長期に継続するために生ずる。

（三）人口動向に関する留意点

ここまで、日本の人口動向を、国際比較を交えて概観してきました。それらの人口変動は、いずれも未曾有の出来事ですので、日本の社会経済や私たちの生活に深刻な課題をもたらすことが様々なメディアによって警告されています。

今やこうした人口変動にまつわる多くのことが、周知の事柄になっているように見えます。しかし、**実際には、今後の社会問題について議論がなされている場面で、人口変動の仕組みなどについて正しく理解されないまま話が進んでいる**ことをよく見かけます。

これからの社会問題には、人々の生き方や社会のあり方について、個々人が難しい選択を求められる側面があり、国や地域が進むべき方向を決める際には、国民的な議論による合意形成が重要となってきます。国民の誰もが問題の正しい理解のもとに、議論に参画することが求められているのです。

そんな中、問題のベースとなる人口動向やその指標の見方について、人々の間に誤解があるようでは有効な議論はできません。**人口動向については、常識で理解できそうに見えて、ときに私たちの常識を裏切る落とし穴やトリックが数多くあります**。ここでは議論や考察の際に、特に重要になると思われるトリックについて紹介しておきたいと思います。

【人口モメンタム―人口減少は急に止まれない】

社会において、新しい世代はその親となる世代から生まれてくるわけですが、子世代の人口が親世代より少ないことが続けば、人口は減り始めます。ただし、厳密に考えれば、子世代が親世代と同じ年齢になるまでには、死亡によって減少していますから、世代間の人口を減らさないためには、親世代の人口より少し多めの子どもを生んでおく必要があります。

このように考えて、**子世代がちょうど親世代と同じ人口を維持できる出生率の水準**を、**人口置換水準**と呼んでいます。つまり、社会が人口置換水準より高い出生率を維持していれば、人口は増えますし、それより低い出生率なら、人口減少が起こるわけです。そして、**少子化**というのは、**この人口置換水準以下の出生率が続いている状態**を指しています(*)。

＊「少子化」は、もともと専門的に定義された用語ではなく、日本だけで使われる造語ですが、ここでは話の都合上、あえてこのように定義しておきます。

少子化は、日本の人口減少、人口高齢化を促進し、社会の持続可能性を脅かす最大の要因です。人口置換水準に見合う合計特殊出生率(*)は、現在二・〇七ですが、実際に観測されている**合計特殊出生率は一・四台**(二〇一七年一・四三)で、人口置換水準の**七〇%**

程度しかありません。このままですと、現在親となっている世代の人口に比べ、子世代の人口は七〇％に縮小してしまう計算になります。

＊合計特殊出生率とは、ある年の一五～四九歳の女性の年齢別出生率を合計したもので、その年にどのくらい盛んに出生行動が行われたかを示す指標です。その数値は、一人の女性が当該の年齢別出生率に従って子どもを生んだ場合に、生涯に生む平均の子ども数をあらわしています。

確かにこれが続けば、人口は減っていく道理です。そして、若い世代ほど人口が少なくなっていくのですから、高齢人口の相対的割合はどんどん高まって、人口高齢化も進行していきます。こうした状況が続けば、社会経済には様々な問題が発生し、やがては国を維持できなくなるでしょう。とすれば、なんとしてでも少子化を早急に解消し、人口減少と高齢化を止めるべきだと考えるのも自然なことです。つまり、多少強硬な政策を行ってでも、できるだけ短い期間で、日本の出生率を人口置換水準にまで回復させるべきだと考える人が出てくるのも無理からぬことです。

しかし、仮に出生率を人口置換水準にまで一気に高めることに成功したとしても、人口には、**そうした働きかけになかなか反応しないという不可思議で厄介な特性**があります。それは大海原に漂う巨大タンカーが、急にエンジンを吹かしてもなかなか動き出さない姿に似ています。では、そのことを人口動向のシミュレーションで示してみましょう。

図8　少子化解消シミュレーション

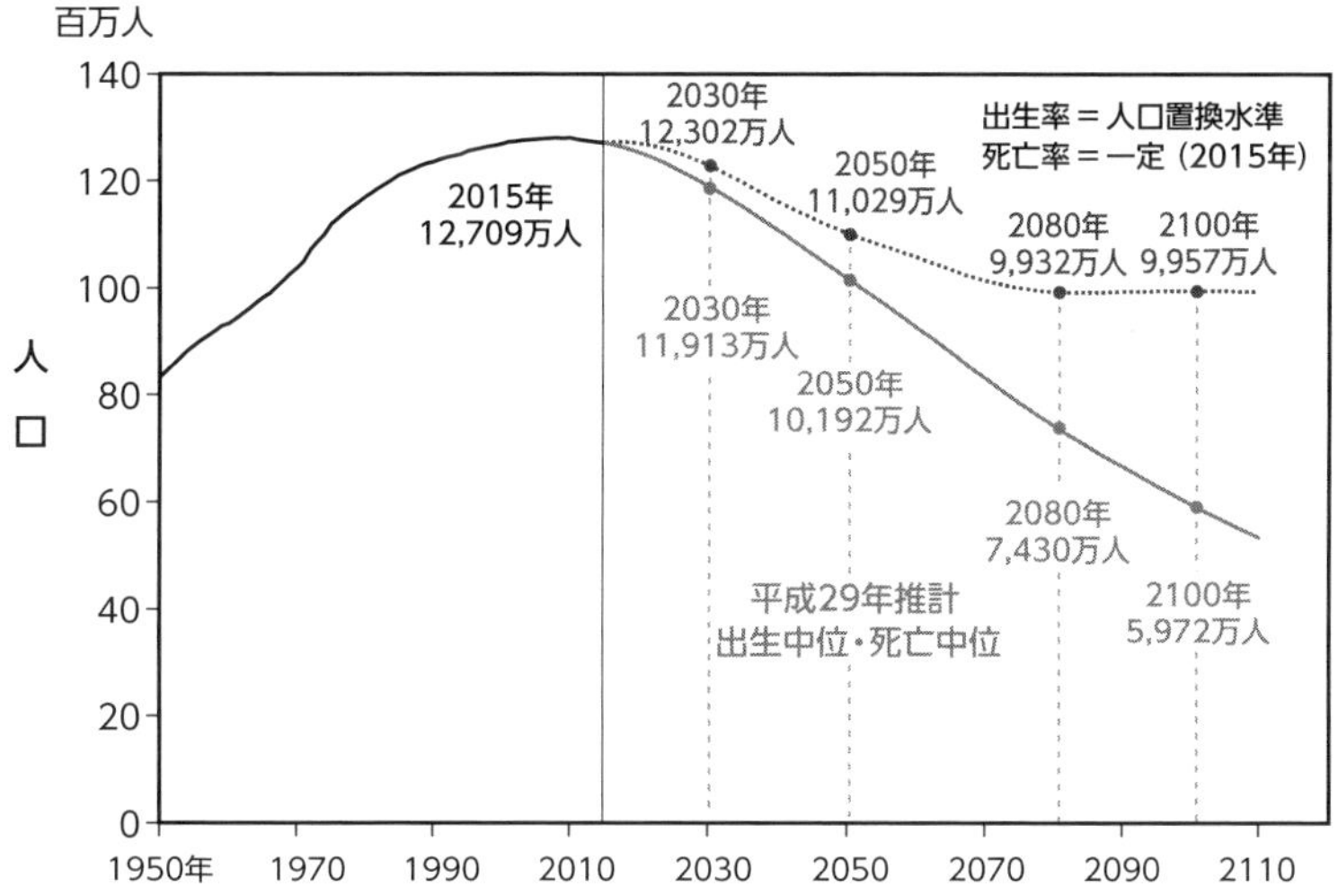

資料　国立社会保障・人口問題研究所「人口の動向 ― 日本と世界 ― 人口統計資料集 2017」

図8には、これまでに見てきた日本の将来推計人口（下方のカーブ）とともに、**少子化が解消した場合のシミュレーションによる人口推移**（上方のカーブ）が描かれています。シミュレーションの方は、これまで数々の少子化対策にもかかわらず実現できなかった出生率の大幅な回復が、たった一年で実現し、二〇一五年に合計特殊出生率がにわかに人口置換水準にまで回復して、その後もずっとこの水準を維持するという理想的な状況を想定した結果です。

そのような、いわば夢のような想定なのですが、図の人口推移を見ると、結局はかなり急な人口減少が起こり、二〇五〇年頃までは少子化の解消がない場合の人口と、さほど変わらない推移になっています。実際、二〇一五年から二〇五〇年までの人口の減少幅は、通常ケースで二五一七万人に対して、少子化解消ケースでも一六八〇万人とその三分の二に及ぶ減少が見込まれます。少子化は人口減少の原因ですし、たった一年で少子化が解消する（出生率が人口置換水準に回復する）という劇的な想定をしたのに、なぜ結果がこの程度しか変わらないのでしょうか。そもそも人口置換水準の出生率が維持されれば、人口減少は起こらないのではなかったでしょうか。

それは先にも述べたように、人口には巨大タンカーのように、急な変化を拒む性質、すなわち慣性（モメンタム）が備わっており、出生率回復のエンジンを吹かしても、すぐには反応しないことが原因となっています。そしてこの慣性の正体とは、人口の年齢構造にほかなりません。

つまり、今日の日本では低出生率が長く続いてきた結果として、人口の年齢構造は若い年齢層ほど少ない形となっています。すると今後子どもを生む親世代も、年次とともに縮小していきますから、仮に親世代の一人一人が生む子ども数を少し増やしたとしても、人口全体として生まれてくる子どもの総数は思ったほど増えません。

一方で、人口高齢化が進むと、お年寄り一人一人の死亡率が低下していても、高齢人口の増加の方が勝れば、死亡の総数は増えていきます。

人口の増減は、人口移動を別にすれば、総出生数と総死亡数の差し引きで決まりますから、親世代一人一人の子どもの生み方が盛んになる効果に比べて、親世代の人口が縮小する効果と、高齢世代で死亡数が増大する効果の方が勝れば、人口は減少します。現在の日本では、まさにこうした条件が当てはまるので、**出生率が人口置換水準まで回復したとしても、人口減少をすぐには止めることはできない**のです。

もちろんそのような人口でも、出生率がずっと人口置換水準を維持していれば、いつかは親世代の縮小も高齢化率の増加も止まりますので、人口減少は止まります。日本の現状をもとにしたこのシミュレーションでは、減少が止まるのは二〇八〇年頃で、日本人口はそれまでにおよそ二八〇〇万人、二〇一五年人口の二二%を失うことになります。このように「少子化対策」が異例の成功を収めたとしても、当面の人口変化には期待するほどの効果があらわれません。たいへん不条理に感じますが、これが人口の厳然たる特性なのです。人口現象というものは、このように、しばしば私たちの常識を覆します。

ここでの教訓は、**「少子化対策」のように人口変化に影響を与えようとする政策は、仮に成功したとしても、その実質的な成果があらわれるまでには長い年月がかかる**ということです。

それでは、「少子化対策」はやっても無駄かといえば、それは違います。その答えもシミュレーション結果が明瞭に示しています。図8で二〇五〇年以降を見ると、出生率が現在のままのケースでは、人口が限りなく減り続けるのに対して、少子化が解消するケースでは、将来的には人口は静止に向かうのであり、日本社会の持続可能性に対するこの違いは決定的に大きいのです(*)。

*ここでは少子化対策（出生率に影響を与える政策）の人口に対する効果あるいは帰結についてのみ議論をしており、そのような政策の是非やあり方については論じていません。それについては全く別の議論が必要となります。

【高齢人口の高齢化―高齢化率だけでは人口高齢化の深刻度はあらわせない】

これまで人口高齢化を議論するときの指標として、もっぱら高齢化率（六五歳以上人口の割合）を用いてきました。この指標は、高齢化の程度をあらわすものとして最も一般的なもので、国際的にも広く使われています。しかし、実のところ**この指標の見方については注意が必要**です。

図9には、日本の六五歳以上の高齢人口の中の年齢構成が一九五〇年から今日までにどのように変化してきたか、そして二一世紀を通してどのように変化する見込みであるかを

図9　高齢人口の高齢化：1950〜2115年

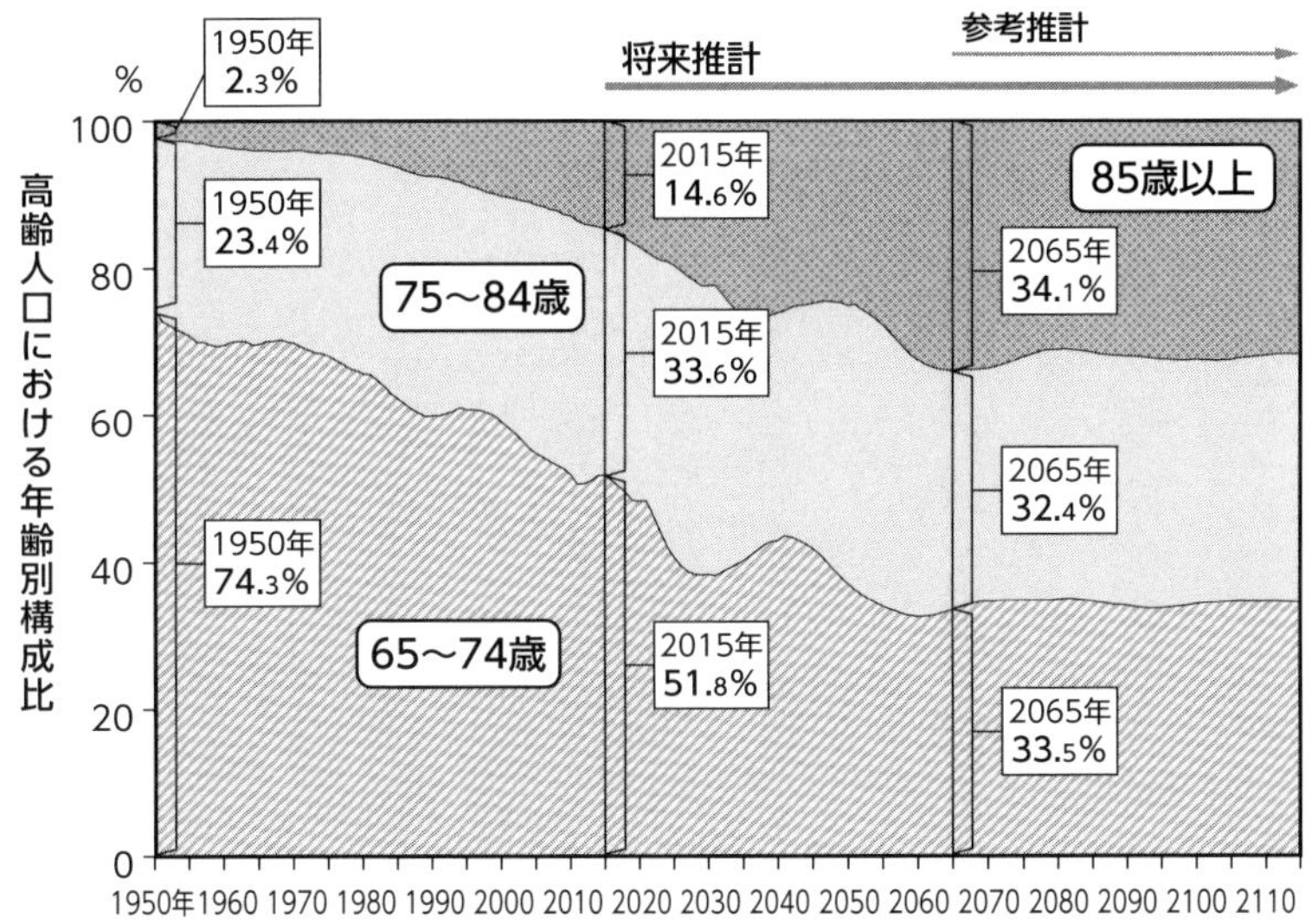

資料　1950〜2015年:総務省統計局「国勢調査」「人口推計」、2016〜2115年:国立社会保障・人口問題研究所「日本の将来推計人口（平成29年推計）」出生中位・死亡中位推計.

示しました。すると、高齢人口の中でも、より高い年齢層ほど、シェアが拡大していることがわかるでしょう。

例えば八五歳以上人口は、一九五〇年には高齢者の中で二・三％しかいなかったのですが、最近の二〇一五年には一四・六％となり、さらに今後は、二〇六〇年代までに高齢者の三分の一程度を占めるまでに増大していきます。逆に、一九五〇年に高齢者の四分の三を占めていた六五〜七四歳人口（前期高齢人口）は、今後三分の一へとシェアが縮小していきます。

これらは、一口に高齢人口と言っても、その年齢構成をみると、戦後、より高い年齢層ほどシェアが拡大してきたこと、そして今後も二〇六〇年頃までは**高齢人口の中で急速な「高齢化」が続く**ことを示しています。このことを理解せず、**高齢化率だけを見ていると、高齢化の影響やその深刻さを過小評価する**ことになります。なぜなら、例えば要介護度（介護が必要な程度）や認知症の発症率のように、より高い年齢層ほど深刻となる問題を考えれば、それらの深刻度は、高齢化率の上昇よりもずっと速いペースで進行することになるからです。

このように、人口高齢化の深刻さは、一つの指標であらわすことができるほど、単純ではありません。まずは、高齢人口が高齢化していくことをよく理解した上で、細かく年齢階層ごとにその状況を観察し、場合によっては分析したい内容に合わせて、専用の指標を工夫することも必要になります。

【出生数と死亡数の今後─縮小再生産の出生数と多死社会の到来】

次に、図10には、年間の出生数と死亡数が長期的にどのように推移していくかを示しました。二〇世紀の実績と二一世紀の将来推計を含む、二〇〇年以上に及ぶ変化を示しています。

まず出生数の長期推移について見ることにしましょう。二〇世紀の前半にあたる戦前に

図10　出生数と死亡数の長期推移：1900〜2115年

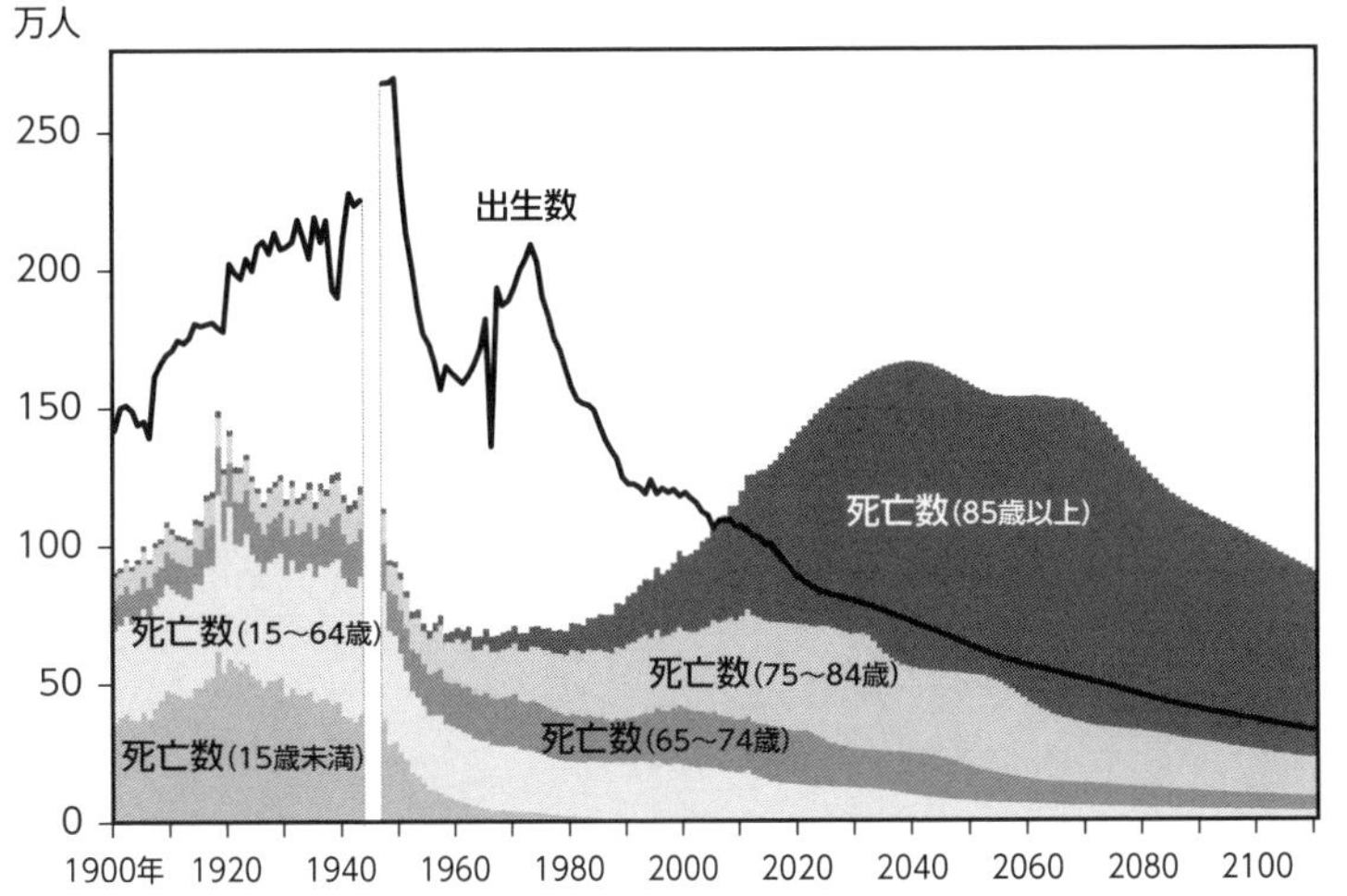

資料　1900〜2016年は厚生労働省「人口動態統計」(客体は日本における日本人の事案)による実績値。2017〜2115年は国立社会保障・人口問題研究所「日本の将来推計人口(平成29年推計)」出生中位・死亡中位推計による同客体における件数の将来推計値。

おいては、出生数は増加傾向にあり、日本人口に増加をもたらしていました。太平洋戦争によるデータの空白時期を挟んで、終戦後の一九四七〜四九年にはベビーブームが起こり、年間に二七〇万人ほどの突出した出生数が三年間記録されました。

その後は、夫婦の持つ子ども数が二人に集中する二人っ子化が急速に生じ、一九五七年までの八年足らずの間に、一気に一一〇万人以上の出生数が減少しました。しかし、一九六六年の「丙午《ひのえうま》」(*)を過ぎると、一九七〇年代前半にはベビーブーム世代の結婚・出産によって、第二次ベビーブームが到来し、一九七一〜七四年に出生数は再び二〇〇万人を超え、日本の出生数推移の二つ目の峰をもたらしました。

＊「丙午（ひのえうま）」とは、年を数える方法としての「十干（じっかん）」と「十二支（じゅうにし）」を組み合わせた「干支（えと）」の一つです。「丙午の年に生まれた女性は気性が激しく夫の命を縮める」という迷信があり、前回丙午にあたった一九六六年には、出生数が大幅に減少しました。

ところがその後は、親世代がベビーブーム期の後に生まれた急減世代になったことと、晩婚化などによる合計特殊出生率の低下が重なったことから、再び出生数の急な減少が始まりました。これこそが**少子化の始まり**です。その後、一九九〇年代から二〇〇〇年代前半にかけての時期は、第二次ベビーブーム世代の出産時期にあたり、本来なら第三次ベビーブームの到来が期待されたのですが、その効果は、合計特殊出生率の急速な低下によって相殺され、結局ブームは幻に終わってしまいました。今後について見ると、実線グラフが示す通り、出生数は直線的に減少していくことが見込まれています。

この将来推計の想定では、今後、合計特殊出生率はあまり変動せず、ほぼ現在の水準で推移することが見込まれています。それなのに、なぜ出生数はこのように恒常的に減っていくのでしょうか。それは、今後親になる世代が、少子化の進行した時期に生まれた世代となるため、年々親人口が縮小していくことになるからです。そして、先にも紹介した通り、現在の合計特殊出生率の水準は、人口置換水準の七〇％程度しかなく、この水準が「安定的」に維持されるなら、一世代ごとに世代規模が「確実」に三〇％ずつ縮小していくことを意味するからです。

つまり今後は、親人口が減っていく効果、いわば**「少親化」**によって出生数は減っていき、その後も年々縮小していく親世代が、**自らの世代の七〇％程度の規模の、より小さな世代を生むという縮小再生産のサイクル、すなわち「少子化スパイラル」の時代**が到来したということです。これは、約六〇年ごとに出生数が半分になっていく状態です（平均世代間隔を近年の値である三一年として計算しました）。

次に、死亡数の動向は、どのようなものでしょうか。図10で戦前の様子から見ていくと、大正時代から太平洋戦争までは、年間死亡数は一〇〇万人を優に超え、また年々の変動が著しいことがわかります。例えば、スペイン風邪が世界的に流行した年である一九一八年には、年間死亡数が一四九万人に上りました。しかし、戦後になると死亡数は急減し、一九五〇年代後半から七〇年代を通して、七〇万人弱で推移しました。これは、図中に示した年齢別の死亡数を見ればわかる通り、戦前に死亡の多くを占めていた**乳幼児死亡、若年死亡が、戦後大幅に減少した**ことによります。これは抗生物質などの新しい医療技術の普及によって、感染症による死亡数が減少したためです。

しかし、**一九八〇年代以降は人口高齢化の影響で死亡数は増加**に転じ、二〇〇三年には再び一〇〇万人を超え、その後も増え続けています。この死亡増加は、**今後二〇四〇年頃に一六七万人でピークを迎えるまで続く**見通しとなっています。このように死亡数が増加した状況を、**多死社会**と呼んでいます。しかし、平均寿命が世界のトップクラスにある日本で、なぜこのような死亡数の増加が起きているのでしょうか。

その答えは、先に紹介した戦後の若年死亡の減少にヒントがあります。例えば、一九五〇年代に若年での死を免れた大勢の人たちは、その後どうなったでしょうか。彼らの大部分は、非常に高い年齢まで生存し、いわば天寿を全うすることとなりました。すなわち、**戦後に大幅に減少した死亡は、ずっと先送りされて最近になって顕在化し始めた**ということです。実際、図を見ると、**現在増えつつある死亡の大部分が、八五歳以上の超高齢での死亡である**ことがわかります。

このように、これからの多死社会では、超高齢層の死亡数が増大することから、超高齢者の終末期ケアの需要が急増することが予想されます。また、次に紹介することになりますが、これらの高齢者は地理的に偏って発生し、都市部で急増することがわかっています。したがって、都市部では終末期の医療・介護の提供に困難を極めることが予想されます。

このように、**終末期を対象とした施策・施設等の需要は、高齢者数より死亡数を見た方が直接的であり、その深刻度がより現実味を帯びて理解される**のではないでしょうか。

さて、図では、従来、死亡数を大きく上回っていた出生数が、二〇〇〇年代半ばに逆転し、今後は死亡数が出生数を大きく上回っていく様子がわかります。出生数から死亡数を差し引いた数が、人口の自然増加数になります。日本のように、国際人口移動による人口変化が極端に少ない国では、この自然増加数が人口動向を決めます。したがって、図10に示した出生数と死亡数の長期推移は、冒頭に図2でみた日本人口の歴史的推移の中で、なぜ人口が増加から減少へとダイナミックに転換するのか、そのメカニズムを視覚的に理解させてくれます。

【地域別にみた人口高齢化の留意点―いよいよ都市に襲来する高齢化の波】

ここまでは、日本の人口変化を一つのものとして見てきました。しかし、その変化の様相は、全国一律ではなく、地域によって大きな違いがあります。ここでは、人口高齢化の地域差について見ることにしましょう。

図11には、都道府県別に二〇一五年と二〇四五年の高齢人口の比較を、横棒グラフで示

図11　都道府県別にみた高齢人口の変化：2015年と2045年比較

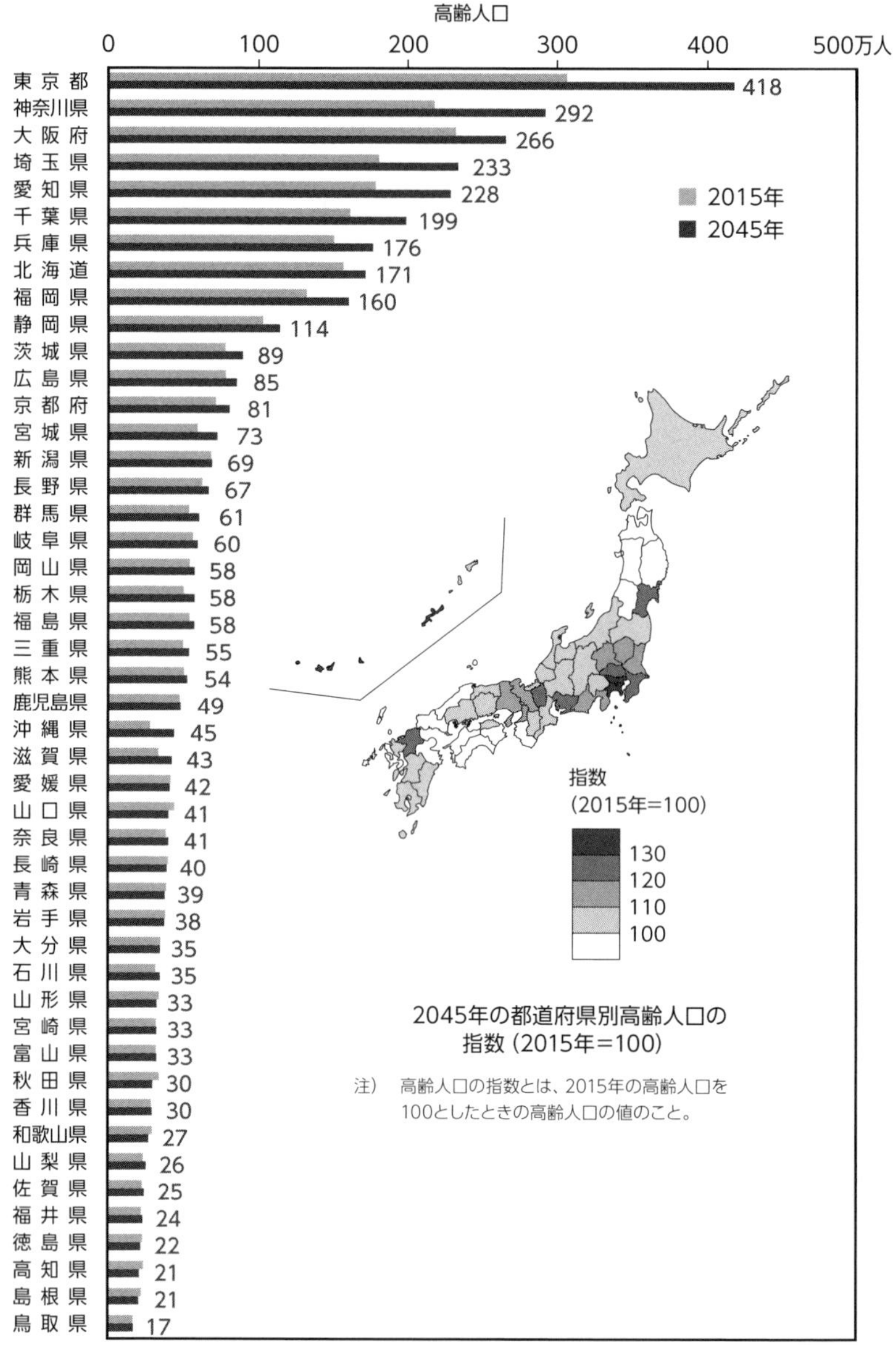

資料　2015年は総務省統計局「国勢調査」、2045年は国立社会保障・人口問題研究所「日本の地域別将来推計人口（平成30（2018）年推計）」.

図12　都道府県別にみた高齢人口の変化：1950〜2045年

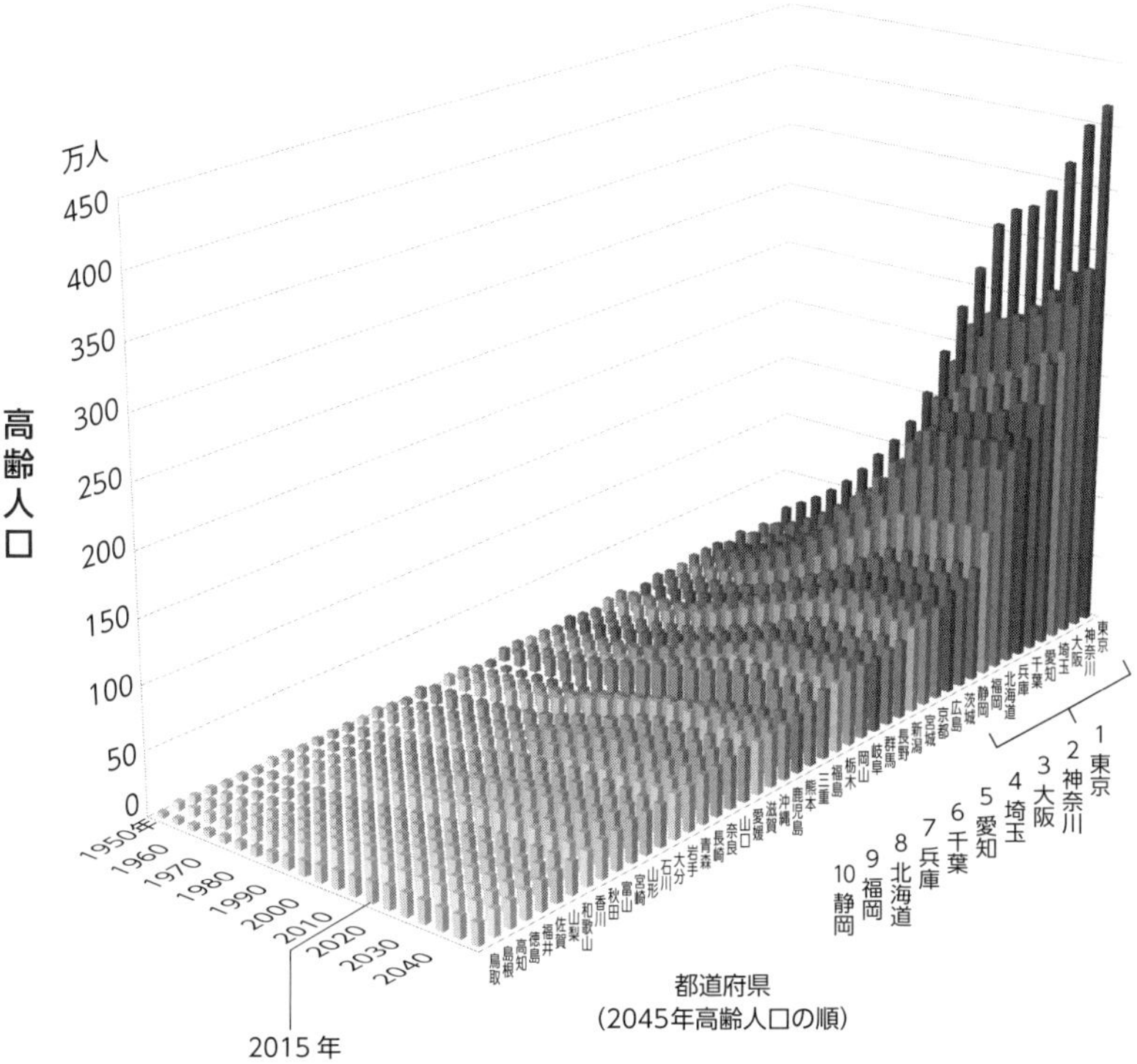

資料　1950〜2015年は総務省統計局「国勢調査」、2020年以降は国立社会保障・人口問題研究所「日本の地域別将来推計人口（平成30（2018）年推計）」.

注　都道府県の並びは、グラフ右奥から2045年において高齢人口が多い順。10位までの都道府県名を拡大して表示している。

しました。この図では、各地の高齢人口の増加ぶりを、二時点のグラフの差として見ることができます。すると、今後の高齢人口の増加の大部分は、グラフの上方にある大都市を含んだ都道府県で発生することがわかります。現在、高齢化率が高い道府県では、今後も若者が減ることで高齢化率は高まりますが、高齢者の実数は、もはやそれほど増えません。秋田県、高知県、島根県では、増えるどころか、この期間に高齢者の実数は、減少に転ずる見込みです。

都道府県別の高齢人口を時系列で描いたグラフが図12です。この図によれば、一九五〇～二〇四五年の間、五年ごとの各年次に、日本の高齢者がどの都道府県に所在しているかがわかります。すると、グラフ右奥に示された東京都、神奈川県、大阪府、埼玉県、愛知県といった大都市のある都府県で、二〇四五年に向かって高齢者が激増する様子がわかるでしょう。

ここで見た二図からは、**今後、わが国の人口高齢化における最大の問題は、現在の高齢化地域におけるものではなく、都市部での高齢人口急増であること**がわかります。これら今後に都市で増える高齢者の多くは、実は日本の高度経済成長期（一九五〇年代後半～一九七〇年代初め）に、地方から大挙して大都市に移り住んだ当時の若者たちにほかなりません。当時、都市部の中小企業などで不足する労働力を埋めるため、農村部から都会へ、多くの中学校、高校の新卒者たちが集団就職にやってきました。彼らへの需要は高く、経営者たちからは「金の卵」と呼ばれ、集団就職用の特別な列車が運行されていたほどです。

当時、日本は人口転換と呼ばれる多産多死から、少産少死への移行過程の途中段階にあり、多産少死、すなわち多く生まれるが、死亡は少ないという世代が成年に達する時期にあたっていました。このため若者人口が急増し、特に地方では農家などを継げない「あととり」以外の若者たちで溢れていましたから、折からの高度経済成長による都会での労働力不足に対して、豊富なマンパワーを提供することができたのです。しかしそれには大がかりな人口の再配置、すなわち**農村から都市への人口移動**が必要だったのです。

高度経済成長期である一九五五～七二年の一八年間に、三大都市圏へは約八二八万人の転入超過がありました。これを年平均にならすと約四六万人で、その後の時期から二〇一六年現在までの年当たり約七万人と比べると、当時いかに大きな人口移動が短期間に生じたのかがわかります。この出来事により、日本では産業別人口が第一次産業から第二次・第三次産業へと大きくシフトし、核家族世帯が増えるなど、多くの社会変化が起きました。

それから五〇年以上が経ち、当時、都会に移り住み、高度経済成長を支えた世代が高齢期に入ってきたため、今後、都市部で高齢者の数が急増することになったわけです。こうした変化は以前からわかっていたことですが、あまりにも急な変化であるため、対処が遅れています。例えば都市部で高齢者の医療・介護需要の増大にどう対処すべきかは、実際、大変難しい問題です。

一方で、都市部以外の地方では、高齢者が増加する段階は過ぎましたが、今後は若者層の減少による人口減少が本格化することになります。そんな中で、もし都市部で不足する介護従事者を補うため、地方の若者が都市部に移っていくようなことになれば、地方ではコミュニティーが成り立たなくなる恐れがあります。このように、**人口高齢化はその程度だけでなく、今後拡大が見込まれる高齢者の地域的な偏在によって、問題がいっそう深刻なものになり得る**ということに留意しておく必要があります。

さらにもう一つ、既に述べたことではありますが、人口高齢化について留意すべき点があります。それは、例の**「高齢人口の高齢化」が地域による高齢人口増の偏在と重なると、より深刻な事態をもたらす可能性がある**ということです。

その効果を見るために、例として図13に、都道府県別にみた認知症患者数の推計値を示しました。先ほどの高齢人口についての同様の図（図11）と比較すると、今後の認知症患者数の増加の方が格段に多いことに気づくでしょう。都市部はもちろん、高齢人口の増加がほとんどなかった地方においても、認知症患者はかなり増えることが見込まれています。これはもちろん認知症の発症率が、年齢が高いほど高いということと、今後の人口高齢化では高齢層の中でもより高齢の人口増加が著しいという、二つの要素が重なった結果です。

図13　都道府県別にみた認知症患者数の変化：2015年と2040年比較

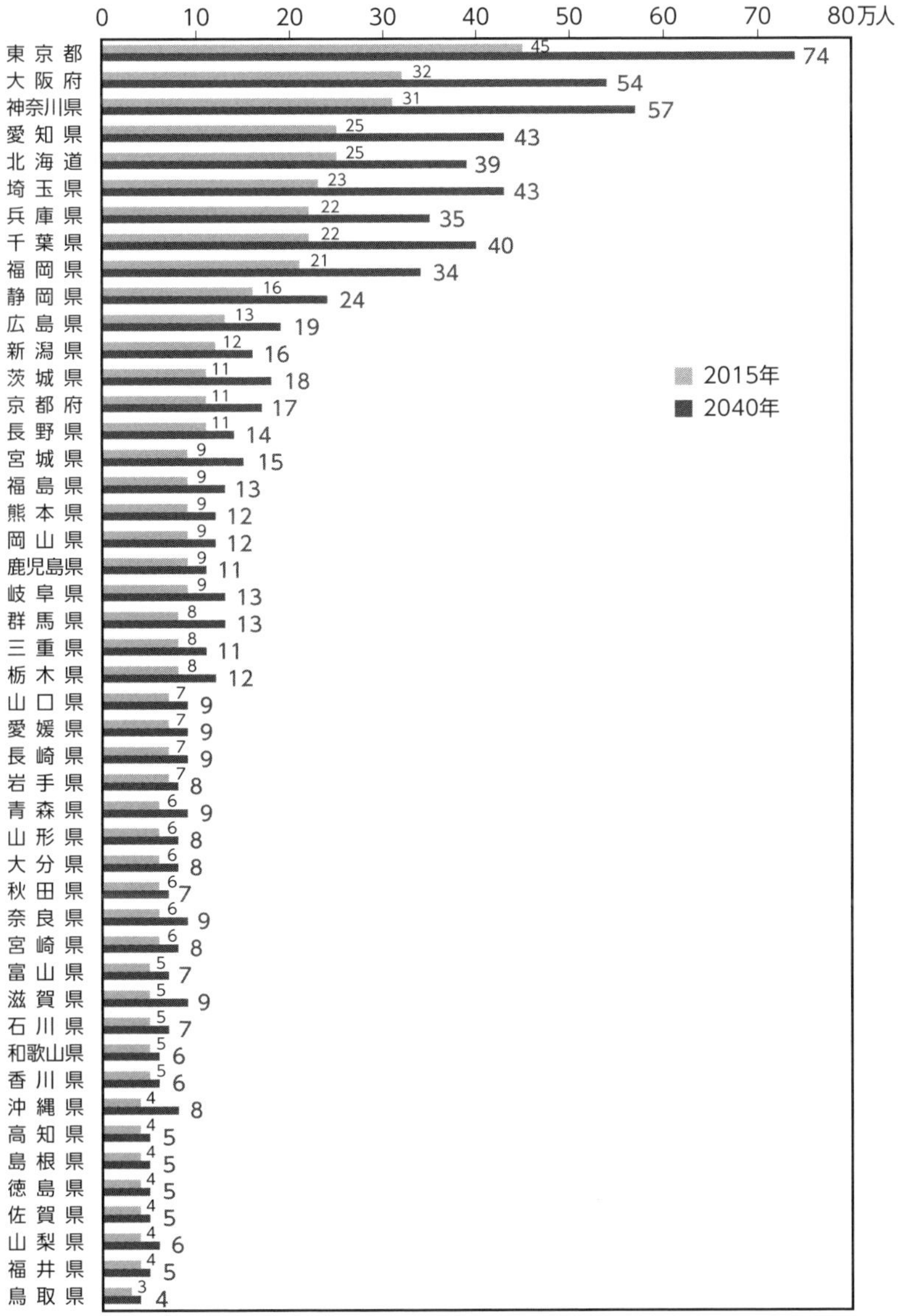

資料　金子隆一「人口高齢化の諸相とケアを要する人々」社会保障研究 第1巻第1号

これにより、認知症患者の増え方は、高齢者の増加率を上回ることになり、高齢者の急増を迎える都市部ではその効果が著しいことに特に留意しておく必要があります。

【人口動向に関する留意点のまとめ】

・少子化対策は、有効な対策を長期間継続して、親世代を増加させていくことによって、初めて人口減少を止めることができる。
・今後、日本の高齢人口は、急速に八五歳以上人口の割合が高くなるので、高齢化率だけでなく、年齢階層ごとの状況を見ないと、人口高齢化の深刻度はわからない。
・今後、超高齢者の死亡数が増加する「多死社会」が続き、二〇四〇年代に年間死亡者数のピークを迎える。
・今後、日本の人口高齢化の最大の問題は、都市部の高齢人口の急増である。

二 人口変動がもたらす課題と対処

（一）経済社会の課題

ここまでは、日本の人口動向とこれを見る際の留意すべき点について見てきました。ここからは、そのような人口動向が、私たちの社会にもたらす課題について見ていきたいと思います。その後で、課題に対処する際の基本的な考え方について、皆さんと一緒に検討してみたいと思います。

【経済分野における課題—人口ボーナス・オーナスの波】

人口と経済の間には、強力な相互作用が働いています。とりわけ人口の年齢構造や地域構造は、経済成長などの規定要因となっています。

図14　従属人口指数の年次推移 ー人口ボーナスと人口オーナス

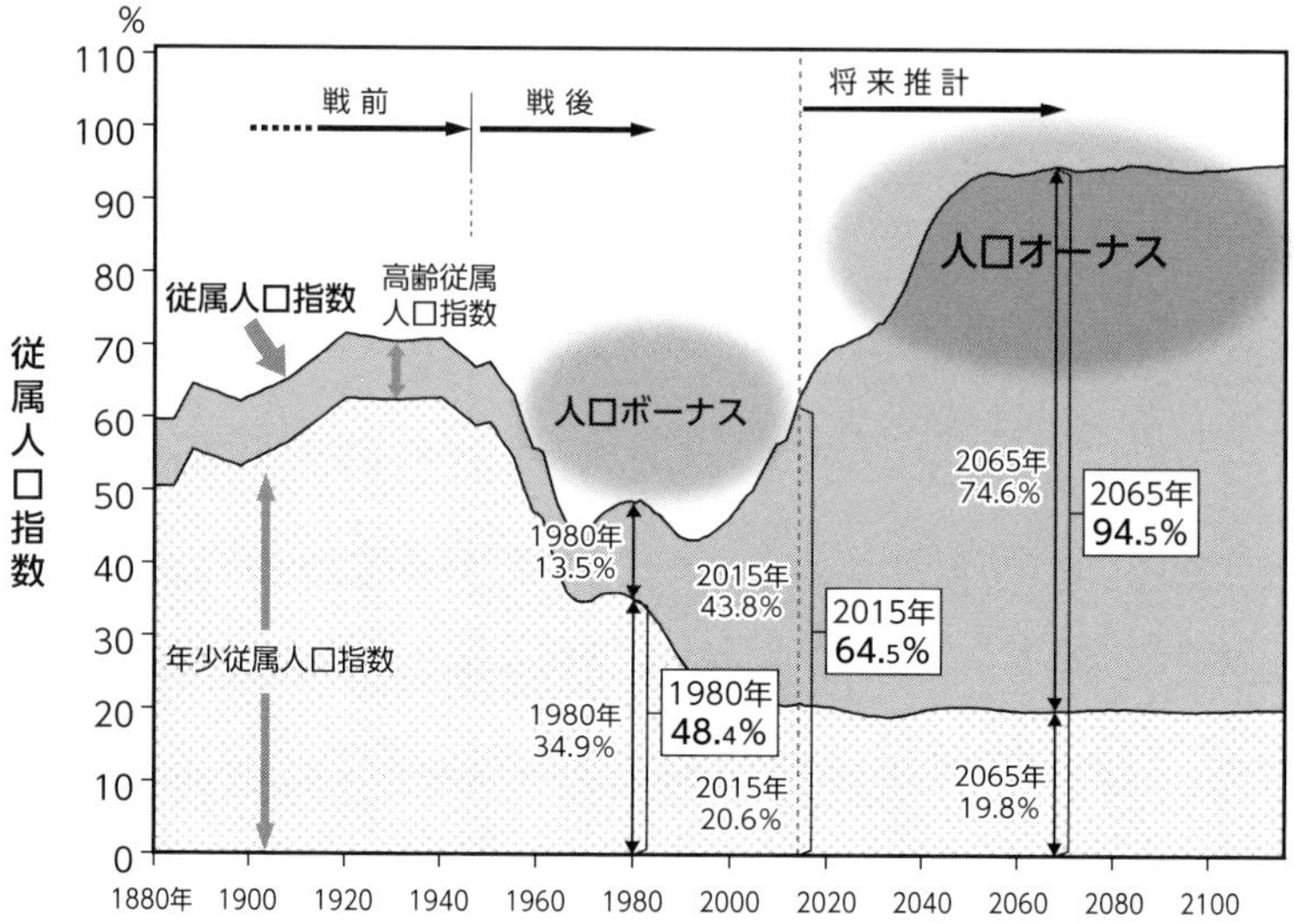

資料　1880～1919年:内閣統計局推計、1920～2015年:総務省統計局「国勢調査」「人口推計」、2016年以降:国立社会保障・人口問題研究所「日本の将来推計人口（平成29年推計）」出生中位・死亡中位推計.

こうした経済との関係を意識した人口の指標として、**従属人口指数**というものがあります。これは年少人口（○～一四歳）と高齢人口（六五歳以上）の和を、生産年齢人口（一五～六四歳）で割ったもので、社会において扶養される人数と、扶養する人数の比を、年齢別人口を用いてあらわしたものです。つまり、年少人口と高齢人口を扶養される人口と見なし、生産年齢人口を扶養する人口と見なして、扶養者一人当たり、平均何人の被扶養者がいるのかを算出したものとなります。するとその値は、**一人の働き手が、自分以外に何人を支えなくてはならないのか**を示しています。

図14に、日本の従属人口指数の長期的な推

移を示しました。これまで同様、将来推計も示してあります。従属人口指数の分子は、年少人口と高齢人口の二つに分けられますので、図でも二つの内訳がわかるようにしてあります（年少人口の部分は「年少従属人口指数」、高齢人口部分は「高齢従属人口指数」と呼びます）。

図によれば、戦前の従属人口指数は六〇〜七〇％程度で、働き手一人が自分以外に平均〇・六〜〇・七人を支えていたことになります。内訳をみると、その大部分は子どもの扶養負担でした。

戦後になると、従属人口指数は急に低下し、最も低い時期には四〇％台にまで下がりました。戦前に比べると、働き手一人の負担は、約〇・二人分、三〇％ほど軽くなったことになります。つまり、この負担減の分だけ、現役世代にお金や時間に余裕ができて、それらは、例えば事業への投資や消費の拡大に使うことができました。いずれにせよ、扶養負担の減少から生じた余剰は、経済を活性化し、成長を促す効果がありますので、このような従属人口指数の急低下を**人口ボーナス**と呼んでいます。

＊人口ボーナスは、経済学の分野では、経済成長を規定する要素の一つである人口の変化によって生ずる余剰であるとの解釈から、人口配当（demographic dividend）と呼ばれています。

なぜ「人口」ボーナスかといえば、戦後の従属人口指数の低下は、出生率低下による年少人口の減少と、死亡率低下による生産年齢人口の増大という、人口の年齢構造変化によってもたらされたものだからです。先に年間出生数・死亡数の長期推移を観察したとき（図10）、戦後に急な出生数減少と若年死亡数の減少があったことを紹介しました。出生数減少は年少人口の減少をもたらし、若年死亡数の減少は、乳幼児期、青少年期の死亡数を大幅に減らして、成人に達する人口を劇的に増やしました。ですから、人口ボーナスは、**「少産少死」の成果**にほかなりません。

少産少死の状況は、長く続くと高齢まで生存する人口を増やし、一方で働き手となる若い人口を減らして、人口高齢化をもたらすので、むしろ扶養負担は増大します。しかし、死亡率低下によって膨らんだ生産年齢人口が高齢に達するまでには、半世紀以上の年月を要しますので、しばらくは、高齢人口は前近代並みに少ないままです。そのような事情で、日本でも戦後しばらくは、**年少人口の減少、生産年齢人口の増大、高齢人口の横ばい、という組み合わせが実現し、従属人口指数、すなわち社会の扶養負担は大きく低下した**というわけです。

しかし、そのような仕組みであれば、いずれは高齢人口が増え始め、必然的に扶養負担が増加に転ずることになります。当初の扶養負担の低下が、一時金をあらわす「ボーナス」と名付けられているのは、そういう事情によります。図14によれば、わが国の状況はまさにその仕組み通りに推移しており、近年では従属人口指数の値が、戦前並みの水準に戻っています。

なお、**社会が、多産多死から少産少死へと移行する人口転換と呼ばれる過程は、全ての社会が近代化を経験する中で、必ず通る道筋**です。人口ボーナスは、日本の例で見たように、人口転換の最終段階である少産少死に至ったときに発生します。

そして、高齢層の人口が増え始めると終わりを迎え、その後は高齢者の増加とともに、従属人口指数が上昇します。その頃になると、少産によって小さくなった世代が生産年齢となり、その人口規模が減少しますから、従属人口指数の上昇はかなり急です。このようにして働き手一人当たりの扶養負担が増大することを、人口ボーナスとの語呂合わせで**人口オーナス**と呼んでいます。オーナスとは英語で、負荷という意味です。

このように、**全ての社会は近代化の過程で、人口転換と人口ボーナスを経験し、ポスト近代化の段階になると、人口オーナスへ向かいます**。欧米先進諸国は、一八～一九世紀に相次いで人口転換を開始し、現在は全ての国がその一連の過程を完了していますから、お

図15　従属人口指数の年次推移の国際比較

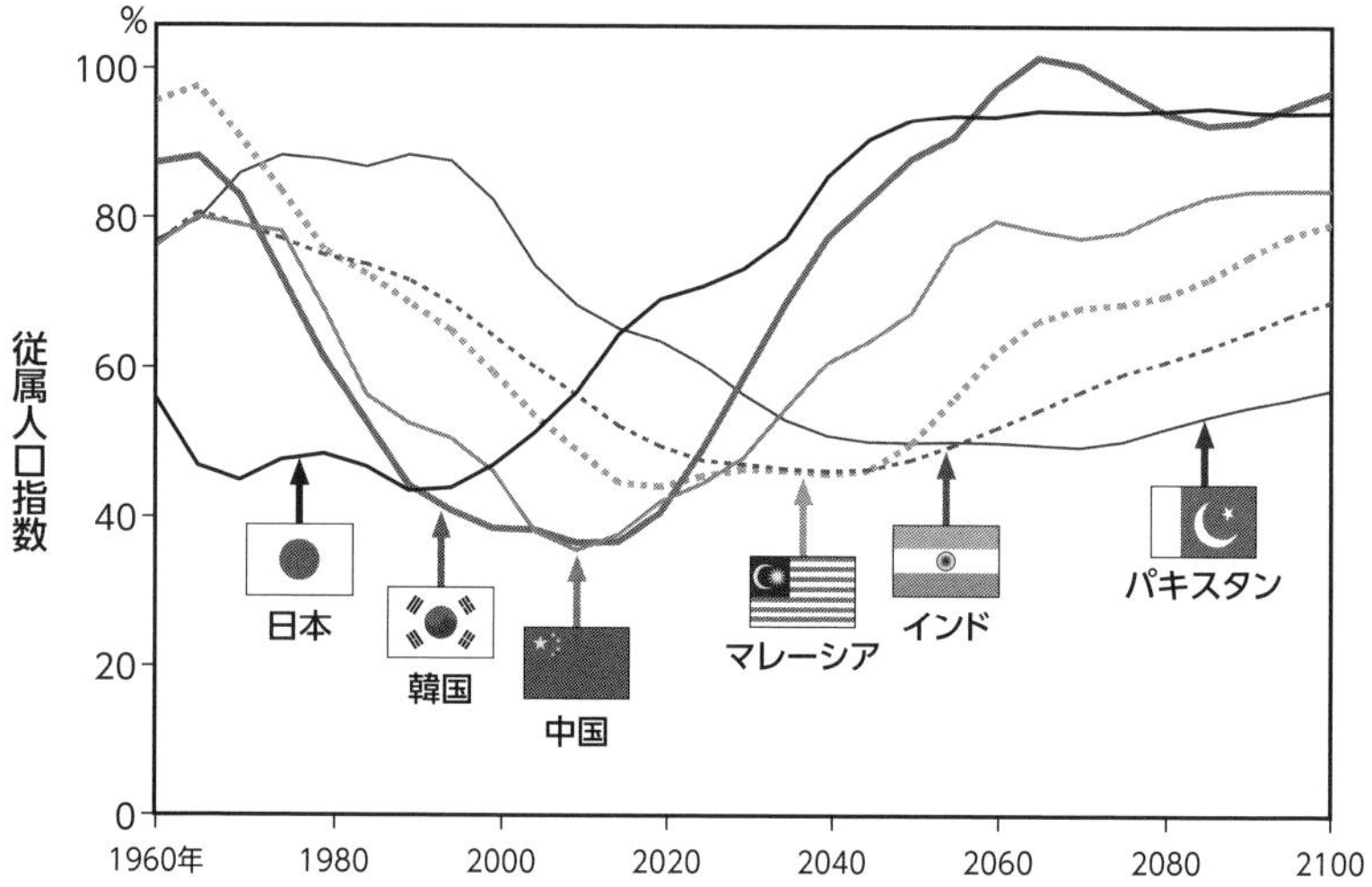

資料　United Nations (2017), World Population Prospects: The 2017 Revision. 日本の1960～2015年は総務省統計局「国勢調査」、2016年以降は国立社会保障・人口問題研究所「日本の将来推計人口（平成29年推計）」出生中位・死亡中位推計.

おおむね人口ボーナスの時期は過ぎ、現在は人口オーナスの上昇段階にあります。

一方、発展途上国では、そのほとんどが、第二次大戦後になって人口転換を開始し、現在でも最終段階の少産少死に至っていないか、至って間もないですから、人口ボーナスはこれからです。とりわけ、アフリカの国々では現在ようやく人口転換の後半が始まった段階にあり、人口ボーナスは今世紀後半にならないとやってきません。

図15には、日本と、それを取り巻くアジアの五カ国を選んで、従属人口指数の年次推移を比較しました。既に見たように、日本では二〇〇〇年頃以降は、人口ボーナスから人口オーナスに向かう途中にあります。これに対して、中国

と韓国は一九九〇年代から人口ボーナスに入り、現在も続いています。確かにこの時期の両国の経済成長率は、日本をはるかに上回っており、経済はおおむね良好だったといえるでしょう。しかし、両国も二〇二〇年代以降は人口オーナスへと向かっていきます。その頃に、代わって人口ボーナスを迎えるのがマレーシアです。それは二〇四〇年代頃まで続きそうです。これに少し遅れて長いボーナス期を迎えるのがインドです。そのインドも今世紀後半に入ると、ゆっくりと人口オーナスへと向かいます。パキスタンの人口ボーナスはその頃からです。

ここで取り上げた国々は、人口ボーナスの時期が異なる例をいくつか取り上げたものですが、実は世界の全域で同様のことが起こっており、ほとんどの発展途上国は、これから人口ボーナス期を迎えることになります。

つまり、先進諸国、とりわけ日本では、今後人口オーナスが次第に進行するわけですが、**周囲では人口ボーナスを迎える国々が次々と交代する情勢の中で、日本自身は世界トップ水準の人口オーナスに向かうのだ**ということを知っておく必要があると思います。

図16　有権者人口の構成：意思決定構造の高齢化：1965〜2065年

（単位　%）

			総人口中の有権者割合	有権者人口（選挙年齢以上日本人）の年齢構成			
				有権者青年率（35歳未満）	有権者壮年率（35~64歳）	有権者高齢化率（65歳以上）	有権者後期高齢率（75歳以上）
実績	1965年	旧制度（20歳以上）	63.0	41.3	48.8	10.0	3.0
実績	1990年	旧制度（20歳以上）	73.1	27.0	56.5	16.5	6.6
実績	2010年	旧制度（20歳以上）	81.0	20.9	50.8	28.3	13.6
将来推計	2016年	旧制度（20歳以上）	81.6	18.4	48.3	33.3	16.3
将来推計	2016年	新制度（18歳以上）	83.5	20.3	47.2	32.5	15.9
将来推計	2040年	新制度（18歳以上）	84.3	17.7	40.8	41.5	23.8
将来推計	2065年	新制度（18歳以上）	83.2	16.9	38.4	44.7	30.0

資料　1965〜2010年：総務省統計局「国勢調査」、2016〜2065年：国立社会保障・人口問題研究所「日本の将来推計人口（平成29年推計）」出生中位・死亡中位推計．

注　有権者割合：総人口に占める規定年齢以上日本人人口の割合とその年齢層別構成比
有権者青年率：有権者総数に占める35歳未満の有権者数の割合
有権者壮年率：有権者総数に占める35〜64歳の有権者数の割合
有権者高齢化率：有権者総数に占める65歳以上の有権者数の割合
有権者後期高齢率：有権者総数に占める75歳以上の有権者数の割合

【政治分野、消費市場における課題】

さて、人口変化がもたらす課題について、私たちの社会の進む方向を決める政治の分野ではどうでしょうか。

最近、**シルバー民主主義**という言葉をよく聞きます。これは、人口高齢化の進展にともなって、有権者人口に占める高齢人口の割合が増大し、高齢者に利益となる政治的選択が行われる傾向が強まっているのではないか、ということを表現した言葉です。確かに政治的選択が、選挙という多数決原理に従って行われるかぎり、有権者の中で構成比率が拡大している高齢層の意見の方が、社会の意思決定に反映されやすくなるということは十分に考えられます（Preston 1984, Preston and Kono 1988）。

ここではまず、人口高齢化によって、有権者人口の年齢構成がどのくらい変化しているかを、調べてみましょう。

図16に、日本の有権者人口における年齢構成の変化を示しました。ここでは全有権者に占める三五歳未満の有権者数の割合を「有権者青年率」、三五～六四歳の有権者数の割合を「有権者壮年率」、六五歳以上の有権者数の割合を「有権者高齢化率」と呼ぶことにしましょう。まず、問題の有権者高齢化率は、一九六五年に**一〇・〇%**でした。それが、一九九〇年には一六・五%に増え、二〇一〇年には二八・三%に達しています。そして、二〇一六年には**三三・三%**と一九六五年の三倍以上にまで膨らみました。

この二〇一六年には、選挙年齢が一八歳に引き下げられた最初の選挙（第二四回参議院議員選挙）が行われました。しかし、この選挙年齢の改正によって、有権者高齢化率は三二・五%へと〇・八ポイント下がっただけで、有権者人口の構成に与える影響はわずかでした。それよりも、日本の有権者人口はすでにこんなに「高齢化」していたことに驚きます。そして、このまま進むと、今世紀半ばを過ぎた二〇六五年には、有権者高齢化率は**四一・七%**に達する見通しとなっています。

一方で、若者と子育て世代の割合である有権者青年率は、一九六五年の**四一・三%**から、二〇一六年には一八～一九歳を加えても**二〇・三%**となっており、なんと半分にまで減少しています。さらに将来、二〇六五年には**一六・九%**にまで低下する見込みです。国民の政治的選択が、選挙を通じてなされるかぎり、若い世代の政治的影響力は、大きく下がっていると言わざるを得ません。

さらに、実際の政治的選択に参加するのは、この有権者人口そのものではなく、投票を行った投票者人口です。実は**投票者人口は、年齢による投票率の違いにより、世代による偏りはさらに大きなものとなっています**。

図17では、二〇一二年の第四六回衆議院議員総選挙での、年齢階級別投票率と、そこから計算される投票者数を比較しました。ただでさえ人口が減っている若者層において、投票率が格段に低いということは、実際の投票によって社会の意思決定に参加している若者は、非常に少ないということを意味します。実際、**対等であるべき年代別の投票者数は、最大で三・七倍（二〇歳代前半と六〇歳代前半）の違いが生じています**。現在の政治に若い世代の意思がどれだけ反映されているのか、とても心配になります。

こうした政治参加の年代による不均衡への対応策として、例えば、子どもの投票権を親が行使する仕組みなどが提案されていますが（Demeny 1986）、基本的人権を重視する法

図17　年齢階級別 投票率・投票者数（2012年衆議院議員総選挙）

a. 投票率

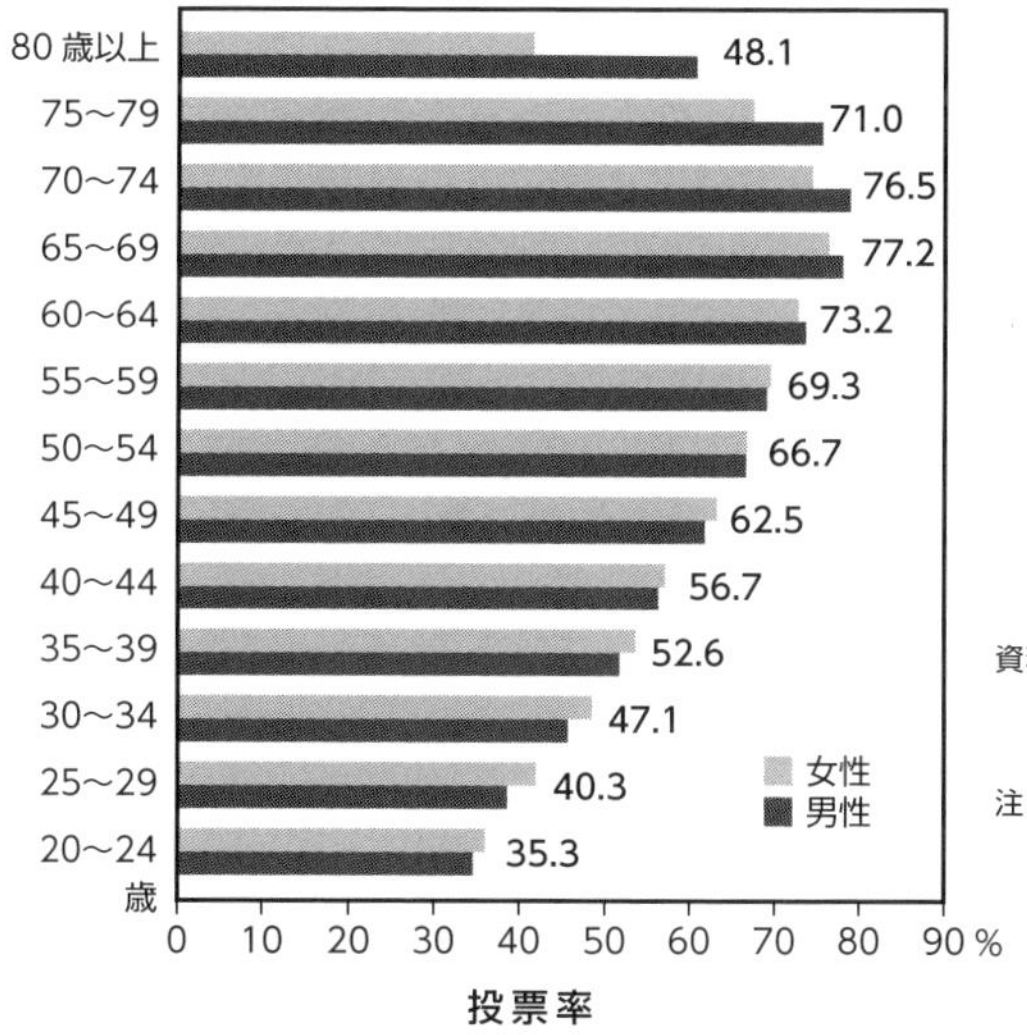

資料　総務省選挙部（2013年2月）「第46回衆議院議員総選挙における年齢別投票状況」

注　投票区抽出（抽出:188／49,214）による投票率。グラフ上の数字は男女計の投票率。

b. 投票者数

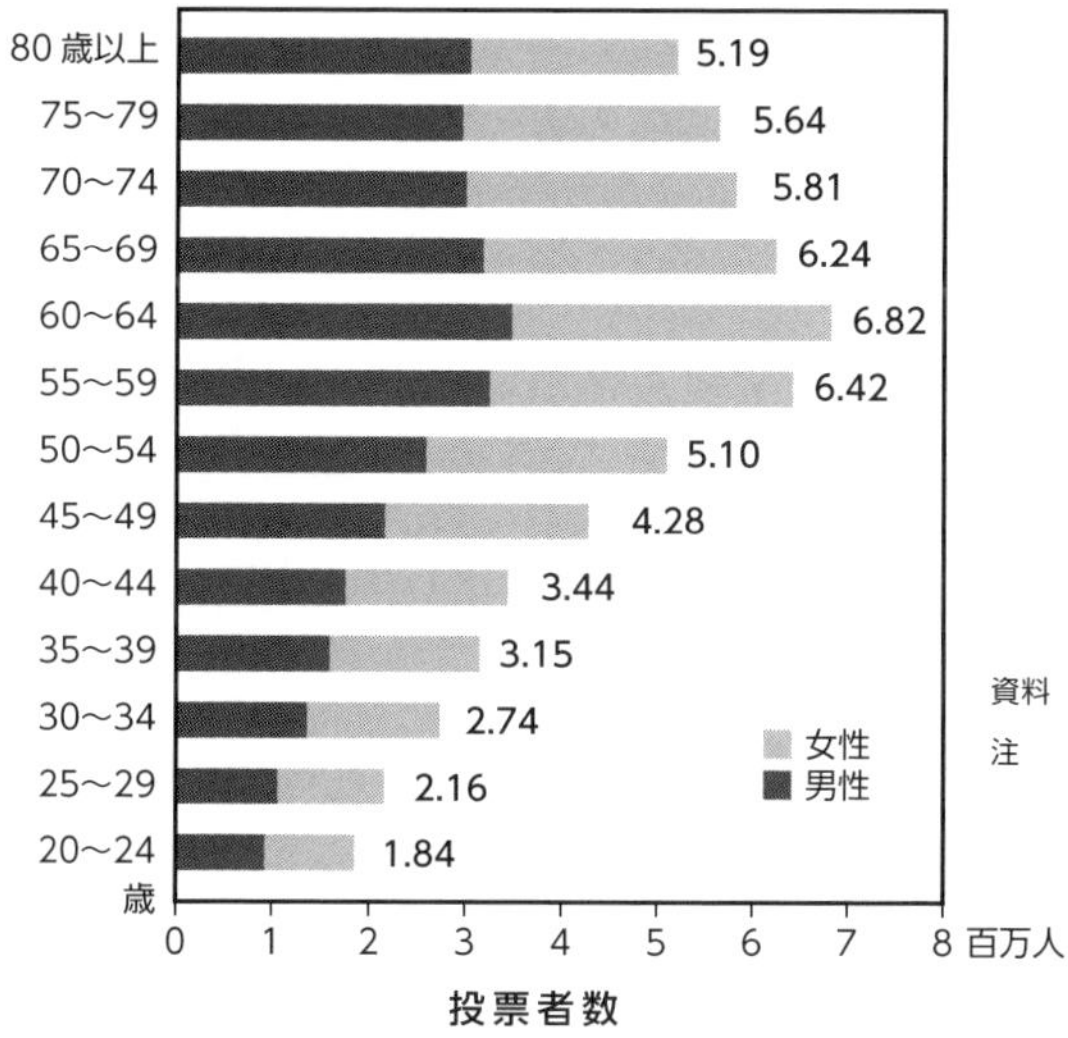

資料　前掲

注　前掲の投票率に当該年全国日本人人口（10月1日）を乗じて推計した投票者数。グラフ上の数字は男女計の投票者数。

学的立場からは、一人一票の原則を堅持すべきとの考えは根強く、日本では憲法上の規定でもあるので、今の制度を変えることは簡単ではありません。

また、一般には地域による「一票の価値の格差」の方が、明確に一人一票の原則を破る問題として関心を集めており、こうした問題が絡んでくると、何をもって公平とするかは、とても難しい問題となってしまいます。

いずれにしろ、未曽有の人口高齢化が進行するこれからの日本において、民主主義の基本原則である多数決原理が、これまでのように人々の平等を保障する唯一無二の仕組みであり続けるのか否かについては、大きな疑問が投げかけられます。

以上では、人口高齢化に伴う年齢構成の変化が、社会の政治的な意思決定に偏りをもたらす可能性について見ました。しかし、実はこれと全く同じ構図が、経済の分野においても見られます。

いろいろな製品やサービスが提供される消費市場において、投資家や企業は、需要が拡大している分野に多くを投資し、事業を展開した方が大きな利益が見込めます。その結果、開発や工夫が進んで製品やサービスの質が向上し、価格は低く抑えられます。反対に、需要が縮小していく製品・サービスの市場では、投資や新たな企業の参入が起こりにくくなる結果、製品やサービスの選択の幅は狭まり、質が向上しないのに、価格は高くなります。これらは消費者や企業などが、それぞれの経済的利益を追求することで、需要と供給と価格が自動的に調節され、経済活動が最適化される市場原理と呼ばれる仕組みで、資本主義経済の効率性を支える根本原理です。

人口高齢化が進むと、市場原理はどのように働くでしょうか。人口高齢化の過程では、増加する高齢層を顧客対象とする製品やサービスの需要は拡大傾向になるのに対して、若者を対象とする製品やサービスの需要は縮小傾向になります。すると、政治分野における意思決定の偏りと同じように、**投資や事業の展開は、高齢者向け製品・サービス市場に偏って行われ、一方の若者向け製品・サービス市場は、劣化していく傾向**を持ちます（Preston 1984, Preston and Kono 1988）。

以上のように、政治分野と経済分野では、それぞれの働きを支えている仕組み、すなわち**多数決原理に基づく民主主義と、市場原理を基礎とする資本主義は、人口高齢化とともに、社会の資源配分を高齢層に偏らせ、青少年層や子育て世代の生活に不利をもたらす**働きがあります。そうした「偏り」は、実際に拡大している高齢人口の需要を反映したものであるはずだから、問題はないとの考え方も成り立ちますが、これに経済や財政の規模縮小が重なりますと、青少年層や子育て世代へ問題のしわ寄せが生じ、彼らの生活の質を極端に下げてしまう危険性があります。

もし、そのようなことが起きれば、それは世代間の公平性に関する重大な侵害となります。しかし、むしろそれよりも影響が大きいのは、**若年世代が苦境に陥ることで、彼らの結婚、出産、子育てといった家族形成に支障が生じ、少子化がいっそう促進されてしまう**ことです。なぜなら、少子化は人口高齢化や人口減少を招いている最大の原因なので、それらのペースを促進することで、社会資源の配分をさらに大きく高齢者に偏らせてしまう循環効果を持っているからです。

一度、この循環に陥ってしまうと、そこから抜け出すのは容易ではありません。その意味で、これは**少子化と高齢化の罠**と呼んでもよいかもしれません。この循環を形づくっている鎖の輪は、それぞれ現代社会を支えている理念や基本原理ですから、容易に変えることのできないものばかりです。言い換えれば、**人口高齢化や人口減少は、現代社会を成り立たせているシステムが機能する前提を大きく変えてしまうので、それに対処して罠から脱出するには、一部の制度や仕組みを改善することでは不十分であり、社会経済システム全体を再構築する必要がある**ということです。日本は既に、この少子化と高齢化の罠に陥っ

図18　経済発展諸国の合計特殊出生率の年次推移：1981〜2012年

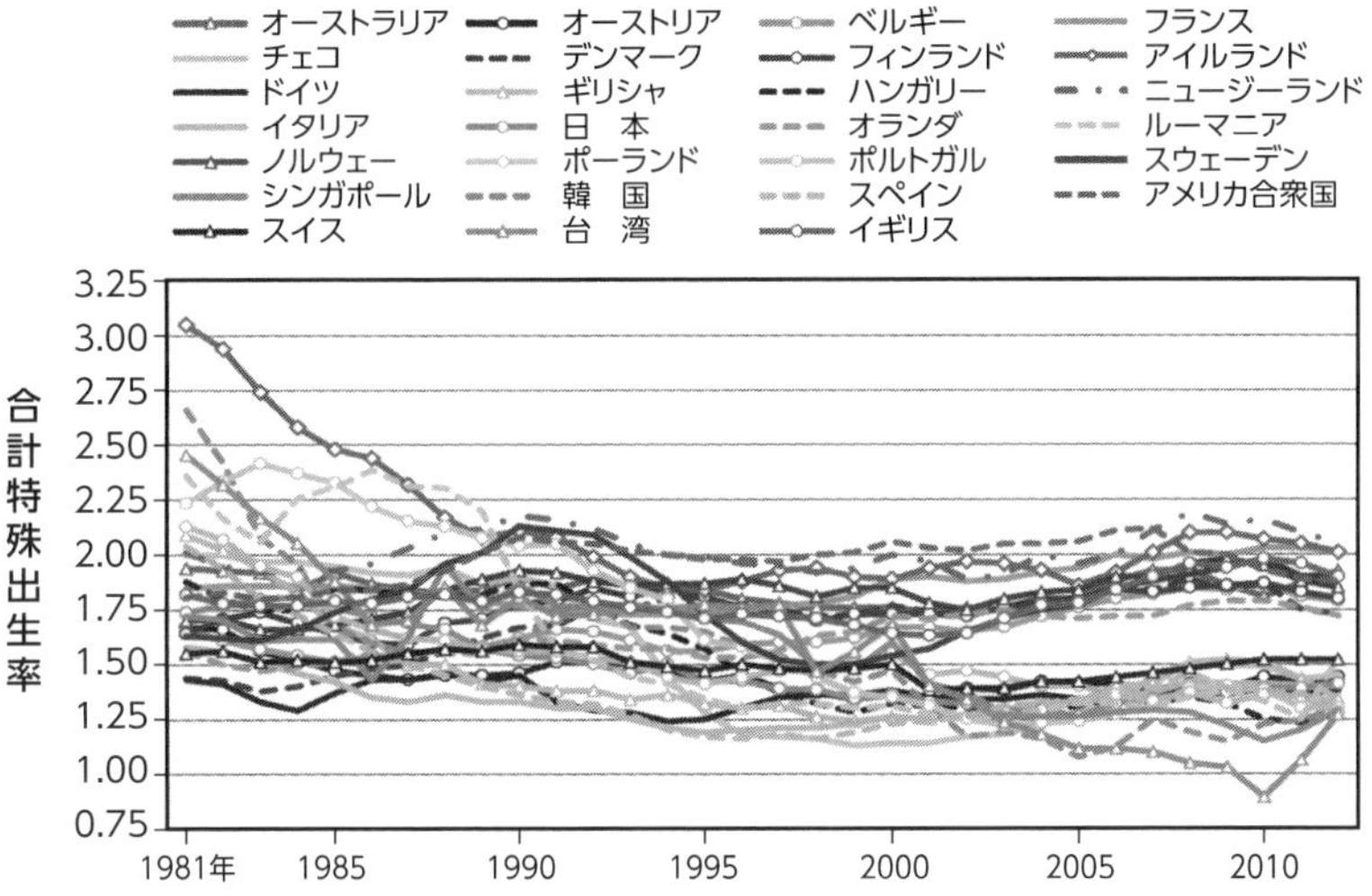

資料　Rindfuss,Choe,Brauner-Otto(2016), "The Emergence of Two Distinct Fertility Regimes in Economically Advanced Countries.

注　合計特殊出生率の2つのグループへの分離を明瞭に示すため、中間水準を推移するカナダを省略している。

てしまっているようにも思えます。

【先進諸国の二極化―低出生の罠】

図18に、新興国を含めた現在の経済発展諸国の合計特殊出生率について、年次推移を示しました。これを見ると、二〇〇〇年前後からこれらの国々が、出生率の水準について二つのグループに分かれていることに気がつきます（カナダの合計特殊出生率は、これら二グループの中間を推移していますが、論点を明確にするために、グラフではこれを除いています）。

二グループとは、合計特殊出生率が比較的高く、人口置換水準に近い推移を見せるグループ（いわゆる**緩少子化国**）と、合計特殊出生率が一・五より低いグループ（いわゆる**超少子化国**）です。緩少子化国には、フランス、スウェーデン、アメリカ、イギリスなどが含まれます。一方、超少子化国には、ドイツ、イタリア、日本、韓国などが含まれます。これまで経済が発展している国々では、例外なく出生率は低いものと考えられてきましたが、ここに来て二極化が進んでいることがはっきりしてきました。

この合計特殊出生率の二極化には、背景に**家族制度の違い**があると言われています。すなわち、**緩少子化グループでは、核家族を基調とした家族制度を持った国が多いのに対して、超少子化グループでは、いわゆる直系家族制と呼ばれる家族形態が多く見られる**ようです。そして、これまで超少子化状態に陥った国、すなわち合計特殊出生率が一・五を下回った国々で、再び一・五以上に回復した国はないと言われています。とすると、これらの国々は、上述の「少子化と高齢化の罠」に陥っている可能性が高いのではないでしょうか。

実は、これら二つのグループに含まれる国々を詳しく見ていくと、緩少子化グループには、第二次大戦時において、「連合国」に含まれた国々が多く、超少子化グループの方には「枢軸国」に含まれた国々が多く見られます。その理由は正確にはわからないのですが、仮にそれが、それぞれの社会の基本的な家族制度の違いに起因するものだとしても、第二次大戦時という遠い過去に表出したものが、現代において、出生率水準の違いとして再びあらわれてきたということなら、これら社会の文化的相違が、社会の深層において人々の生き方に連綿《れんめん》と影響を与え続けてきたことになるので、大変興味深い事象だと思います。この点は、少子化の本質的な原因を探る上で、重要な秘密が隠されているように思えます。

さて、いずれにせよ経済発展諸国にこうした合計特殊出生率水準の二極化が定着すると、今後は先進国の中で、社会の成り立ちが異なる国々が分離してきそうです。すなわち高齢化が著しく、持続可能性に問題がある国々と、高齢化が比較的マイルドで、当面の持続可能性に問題のない国々に分かれることになります。「少子化と高齢化の罠」を脱するか否かによって、先進諸国の行く先と運命が、二つに分かれていく可能性があるのです。

【日本人のライフサイクル　―子や孫を持たない人々の増加】

これまで、日本の人口問題を国や社会の観点から詳細に見てきました。それに対して、ここでは私たちの個人としての生活や人生にどのようなことが生じるのか、基本的な点を見てみましょう。

図19（a）には、女性の世代別に、生涯に平均して何人の子どもを生んだか、そして生涯に子どもを一人も生まなかった人の割合（無子率）を比較してグラフにあらわしました（一九七〇年生まれ以降の世代については、将来推計を含んでいます）。

すると、戦前生まれの二つの世代、すなわち一九三五年および一九四〇年に生まれた女性世代（現在、おおむね七〇歳代後半〜八〇歳代前半の世代）では、生涯の平均子ども数は**二・〇四人**、無子率は**八％**でした。これに対し、最近五〇歳に達した世代（一九六五年に生まれた女性世代）では、平均子ども数は**一・五九人**に減少し、無子率はなんと**二四％**、つまり約四人に一人に増えました。

その後の世代については、例えば、一九八五年以降の生まれ（現在三〇歳代前半より若い世代）では、平均子ども数は**一・三五人以下**に減少し、無子率はなんと**三二％以上**、つまり女性三人のうち一人が、生涯に一人も子どもを生まないことになりそうです。

こうした子どもの生み方を前提にして、同じ女性世代の平均の孫数および生涯に一人も孫を持たない人の割合（無孫率）を試算してみました（図19（b））。

一九三五年に生まれた女性世代では、平均孫数**三・一三人**、無孫率**九％**であったのに対して、一九六五年に生まれた女性世代では、それぞれ**二・一二人**、**三〇％**となり、そして

図19　女性世代別にみた生涯の子ども数と孫数

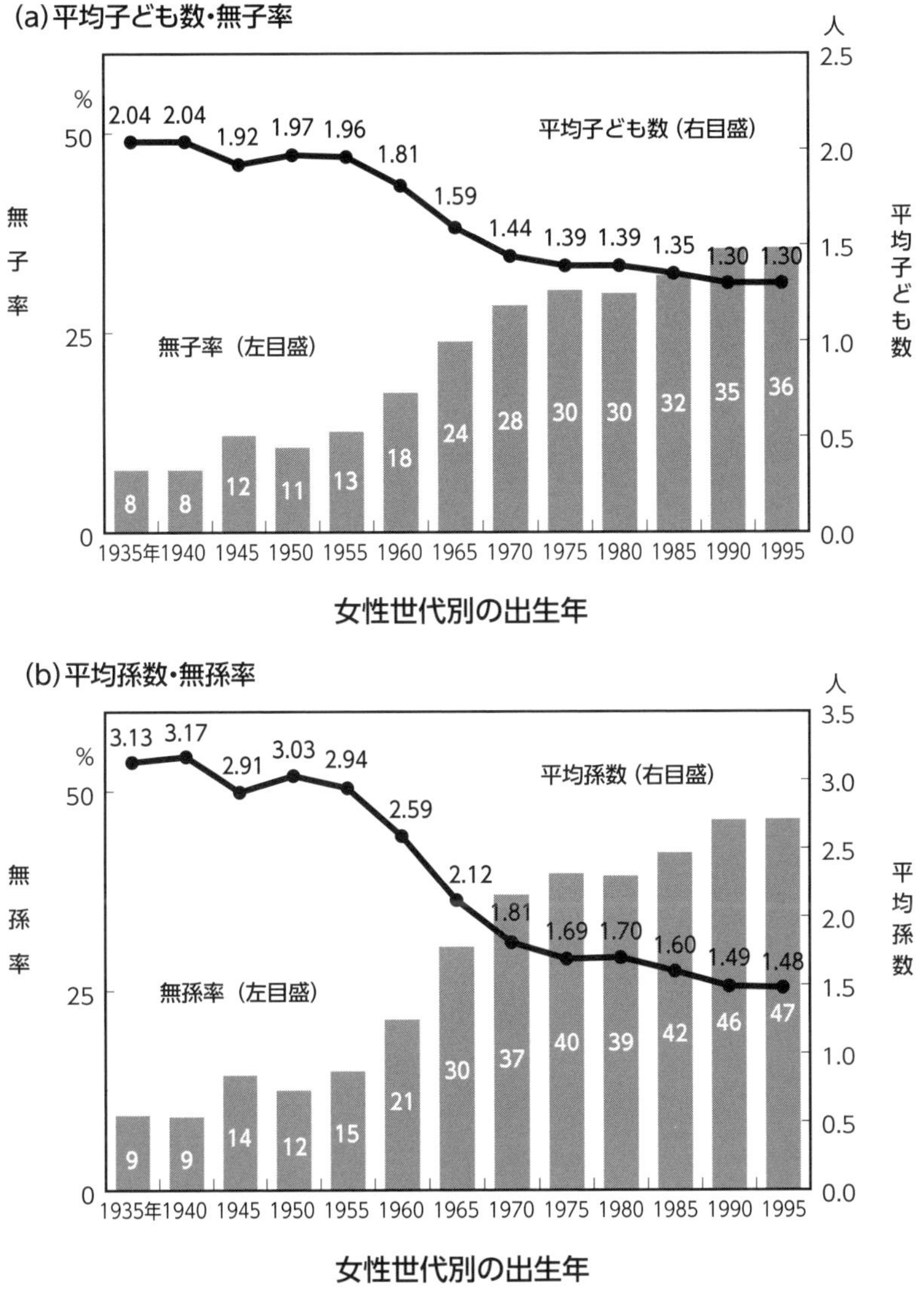

資料　平均子ども数・無子率は、国立社会保障・人口問題研究所「日本の将来推計人口（平成24年推計）」における仮定値。平均孫数・無孫率は、それら仮定値を元に筆者が推計。

注　無子率：生涯に子どもを1人も生まなかった人の割合
　　無孫率：生涯に1人も孫を持たない人の割合

一九八五年以降に生まれた女性世代になると、平均孫数は**一・六人以下**で、無孫率が**四二％以上**になります。これは、現在二〇歳代～三〇歳代前半の女性では、孫を持たない人が四割を超え、もっと先の世代では半数に及ぶかもしれないということです。つまり、日本では、**現在の若者の四割～半数が孫（およびその後の子孫）を持たず、それ以降家系が消滅する**ことを意味しています。ここでは女性についてしか試算していませんが、男性について、無孫率または家系消滅の確率が、女性より下回ることはないでしょう。

子どもや孫を持たない人々は、高齢に至ったとき、同居して介護や経済的、精神的サポートを引き受けてくれる家族がいない可能性が高いですから、その分だけ**家族に代わる公的な制度や施設の需要が高まる**ということを意味しています。多死社会の紹介のところで、特に都市部における介護や終末期医療の需要が、今後爆発的に増大するおそれがあることをお話ししましたが、そのサポートの供給源として、従来のように家族を頼りにするわけにはいかないということになります。

このように、単身高齢者が増大すると、社会保障のあり方についても見直しが必要になります。最近政府が提唱している**地域包括ケアシステム**（重度な要介護状態になっても、住み慣れた地域で暮らし続けることができるよう、住まい・医療・介護・予防・生活支援を一体的に提供する仕組み）の構築においても、家族のいない一人暮らし高齢者が普通の存在になりつつあるという視点が重要になってきます。

以上のように家族のいない高齢者が増えることも深刻な問題ですが、現在ある家系の多くが二～三代のうちに消滅するという見通しは、さらに衝撃的です。こうした状況こそが、個人が体験する「人口減少」です。人口減少や人口高齢化で、国や社会に様々な課題が生ずることについては、既に多くの警鐘が鳴らされており、わかった気になっているのですが、実は**人口減少とは自分の人生をも変えていく事態であり、日本人の家族や人生が従来のイメージから一変するという問題**でもあるのです。

（二）課題への対処の糸口

以上に見てきたように、人口変動によって、これまで社会を支えてきた基本理念が危機を迎えています。

一つ目は、政治分野において、民主主義が少子化や高齢化を助長し、社会の持続可能性を阻害する働きがあることでした。

二つ目は、経済分野において、市場原理が若者向けの製品・サービス市場や生活そのものの劣化を導き、やはり少子化を助長することでした。

そして三つ目は、社会保障分野の問題です。年金制度をはじめとして、社会保障制度は「世代間の支え合い」を基本的な理念としています。しかし、自らの子孫や家系を残さない層が増大していく中で、「世代間の支え合い」はどこまで社会理念として通用するのか、という疑問が湧いてきます。

例えば、子育ての負担を免れた層が、社会保障制度を通して高齢期に次世代の負担の恩恵に浴するのは、ただ乗りではないのかとか、逆に自らの子孫のいない将来社会のために、納税を通して公共投資を強いられるのは、受益なき負担にあたらないのかといった議論があり得ます。

ここに挙げた三つの基本理念の危機的な状況をみただけでも、今、日本では、**これまで国を支えてきた社会経済システムが、その理念の部分から成り立たない時代を迎えようとしている**ということに気づきます。

こうした課題への対応策として、多くの経済学者は、第一にイノベーションによる労働生産性の向上や国際的に自由な競争市場環境の維持が重要であると主張するでしょう。社会政策の分野では、男女共同参画の実現を重視する考え方もあろうかと思われます。

また、「移民」も、重要な方策の一つです。しかし、それだけでこれからの課題を根本的に解決することは難しいでしょう。なぜなら、これから減少していく人口と同じボリュームの移民というと、二〇五〇年までで現在人口の二割程度、すなわち約二六〇〇万人、二〇六五年までなら三割程度、約四〇〇〇万人となります。それだけの外国人をスムーズに受け入れるためには、これまで移民がほとんどなかった日本の社会経済システムを、根本から変えていく必要があります。言葉や文化の違う人々を、その人生や家族まで丸ごと受け入れて、新たな教育や社会保障の仕組みを構築しなければなりません。

これらは、一定のスケールで実現していかなくてはならないと思いますが、減少する人口を補てんしたり、人口高齢化を緩和するための方策として、日本が短期間に大量の外国人を受け入れることは、それ自体が新たな課題をもたらすことになり、あまり現実的ではありません。そもそも、日本への移民送り出し国として想定されるアジア諸国では、今後それらの国々自身が急速に高齢化することが見込まれており、日本がよほどの経済的優位性を持続していかない限り、希少な若者たちが必要なだけ来てくれるということはないでしょう。

それでは、どうしたらよいのでしょうか。長年にわたって、よりよい社会を目指して先達が築いてきたこの社会も、いよいよ行き止まりなのでしょうか。いいえ、私たちにはその先達の努力によって獲得し、受け継いだ真の財産をいくつか持っています。その一つは「健康長寿」です。つまり、人口減少、超高齢化に対する、より現実的な方策の第一は、**わが国が世界に誇る「長寿化」の果実を応用する**ことではないかと考えられます。

周知の通り、日本は世界の中で長寿化の先頭を歩んでいます。長寿化とは、単に寿命が延びることではなく、その社会の全ての人々が、以前より健康になることを意味しています。わが国は、長寿なだけではなく、世界一国民が健康な国と言えるのです。とりわけ高齢者はどんどん健康で長生きになっていますので、「高齢者」を従来のように固定したイメージで捉えずに、少し見方を変えることで、違った未来が見えてくるはずです。

例えば、同じ六五歳の人でも、昔に比べると健康度は大幅に改善しているはずです。しかし、健康度というのは、「健康」ということを客観的に定義することが難しい上に、仮に、医学・生物学的な定義ができたとしても、その測定は困難なものに違いありません。ところが、少し発想を変えれば、人口統計学には、それを客観的に測定できるよい指標があります。それは、**平均余命**です。

平均余命とは、ある年齢の人が、平均してあと何年生きることになるかを、年齢別死亡率の実測値から計算した数値です。これは、各年齢の人たちが、死亡の時点からどの程度離れた場所にいるのか、その距離を測っていると考えることもできます。この死亡からの距離を、その年齢の人たちの平均的な健康状況を示す指標と考えることができそうです。

平均余命の延びと健康状態の改善とは異なるという反論もあろうかと思いますが、近年、日本における平均寿命の延びと合わせ、高齢者の体力・運動能力が大幅に向上してきていることを見れば（一一七ページ参考6参照）、平均余命を健康状態の指標とする考え方も、不自然なものではないと思われます。

＊健康に関する指標としては、近年、「健康寿命」という考え方がよく使われています。これは、人が生きている期間である「寿命」ではなく、「健康上の問題で日常生活が制限されることなく生活できる期間」（厚生労働省「健康日本二一」第二次）とされ、この健康寿命を延伸することが社会の目標とされています。本書では、この健康寿命とは異なり、死亡時点からの距離である「平均余命」を健康の指標と考えるものです。

図20には、男女別に、六五歳時の平均余命を示していますが（①）、一九六〇年における男性一一・六年、女性一四・一年から、年次が新しくなるとともに、その期間もどんどん長くなっているのがわかるでしょう。

そして、例えば二〇一〇年において、一九六〇年の六五歳時平均余命と同じ平均余命に

図20　65歳の平均余命等価年齢と猶予年数の年次変化

男性

	①65歳時平均余命(年)	②1960年基準65歳時平均余命等価年齢(歳)	③65歳時猶予年数(年)
1960年	11.6	65.0	0.0
1990	16.2	71.6	6.6
2010	18.7	74.7	9.7
2030	20.7	77.1	12.1
2065	22.6	79.3	14.3

女性

	①65歳時平均余命(年)	②1960年基準65歳時平均余命等価年齢(歳)	③65歳時猶予年数(年)
1960年	14.1	65.0	0.0
1990	20.0	72.2	7.2
2010	23.7	76.5	11.5
2030	25.7	78.5	13.5
2065	27.9	80.8	15.8

資料　1960年，1990年，2010年は、国立社会保障・人口問題研究所「死亡データベース」、2030年、2065年は同「日本の将来推計人口（平成29年推計）」死亡中位仮定を用いて算出

注　65歳時平均余命 ＝ 生命表における65歳時の平均余命（平均してあと何年生きるか）。
65歳時平均余命等価年齢 ＝ 1960年65歳時平均余命と同じ平均余命を持つ年齢（健康度による高齢者定義）。
65歳時猶予年数 ＝ 65歳から65歳時平均余命等価年齢までの年数（健康度の若返りによる「高齢」までの獲得年数）。

なる年齢を求めると、男性七四・七歳、女性七六・五歳（②）になります。つまり、一九六〇年の六五歳と同じ健康度となるのは、二〇一〇年では男女それぞれ九・七年、一一・五年（③）も高い年齢になるということです。

もし、この一九六〇年の六五歳の健康度を「高齢」の定義と考えれば、各年次の「高齢」の境となる年齢は、②の平均余命等価年齢（平均余命が、一九六〇年の六五歳と同じになる年齢）で与えられます。それは先に見た通り、二〇一〇年では男性七四・七歳、女性七六・五歳であり、二〇六五年では男性七九・三歳、女性八〇・八歳となります。つまり、二〇六五年では「高齢」はほぼ八〇歳からということになります。逆にいえば、その年齢の直前までは、「生産年齢」と見なせるということです。

この平均余命による高齢定義を用いれば、健康度を基準とした、より実態に即した高齢化像を得ることができるのでは

図21　平均余命等価年齢により健康度を考慮した高齢定義による高齢化の比較

(a) 高齢化率

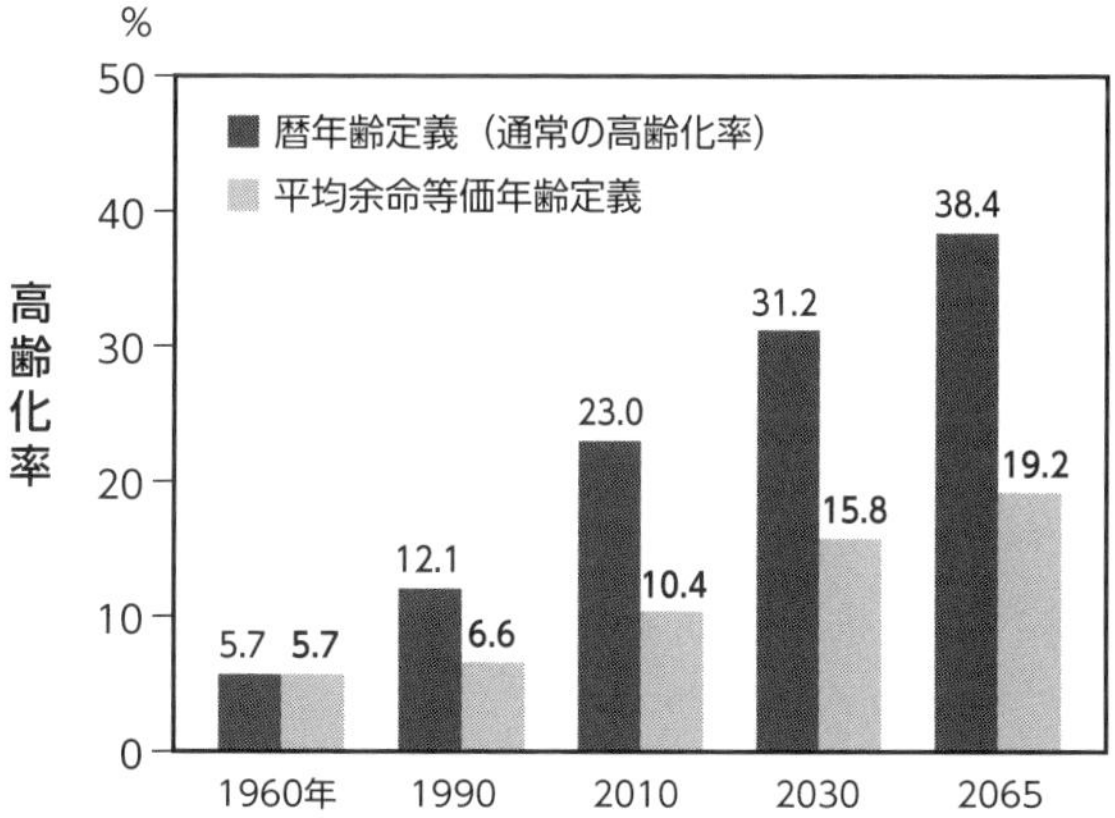

(b) 従属人口指数

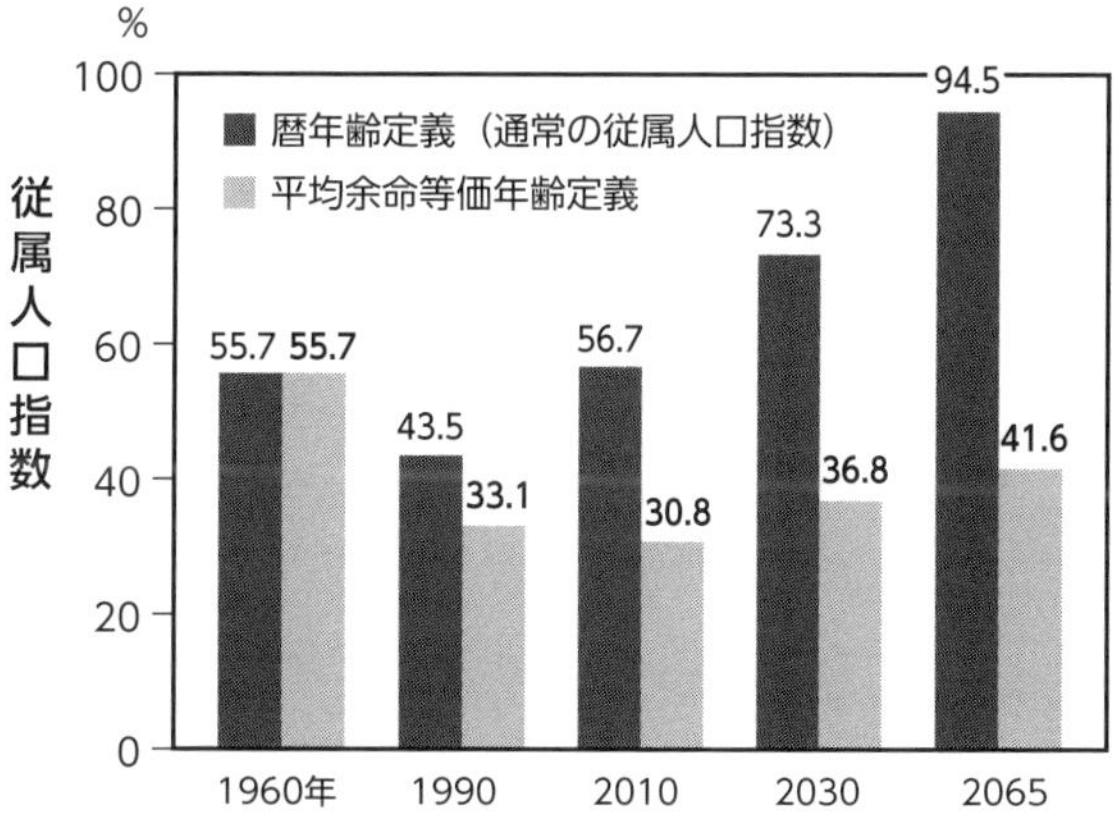

資料　1960年，1990年，2010年は、国立社会保障・人口問題研究所「死亡データベース」、2030年、2065年は同「日本の将来推計人口（平成29年推計）」死亡中位仮定を用いて算出

ないでしょうか。図21には、新しい高齢定義を用いた「高齢化率」と、「従属人口指数」を改めて算出して、グラフで示しました。そうすると、**二〇六五年の高齢化率は通常の定義の場合の約半分となり、従属人口指数も人口ボーナスと変わらない数値が持続すること**を示しています。

こうした計算からわかるのは、高齢者の平均余命の改善を百パーセント生かせれば、今後の高齢化率、すなわち高齢者の割合は、従来の半分程度と見なされ、従属人口指数からは、人口ボーナスの状況を継続できる可能性があるということです。これまで見てきた人口オーナス社会と呼ばれるような重い扶養負担に苦しむといった将来像ではなく、とても希望に満ちた結果があらわれました。私たち日本人が永年にわたって培ってきた健康・長寿社会の価値は、こんなにも高いのです。

ただし、だからといって、例えば年金支給開始年齢を引き上げて、年金財政の改善を図るといった部分的な対応だけを行って、高齢者の健康の価値を社会に生かすような総合的な取り組みを怠ったなら、それは当事者の生活設計に混乱をもたらすなどの、マイナスの効果の方が大きくなるでしょう。高齢者の健康改善を百パーセント生かすということは、そのような断片的な対応ではなく、例えば、高齢者にとって無理がなく、安定した就業環境を保障する雇用労働政策と、年金等の社会保障サービスとの有機的な連携や、高齢者の活動を助ける交通・通信等の社会インフラの整備など、社会全般にわたるシステムの再構築が求められるはずです。

実は、こうした考え方は、高齢者に限ったことではなく、より一般化した**真の全員参加社会**という理念で捉えられるべきものだと思います。すなわち、**高齢者であれ、障害者であれ、女性であれ男性であれ、各種マイノリティーであれ、全ての人々がその持てる能力を最大限に発揮することが基本的人権として認められる社会を目指す**ことで、社会的に「従属」人口をつくり出すことを避け、国民の多様な潜在力を引き出すことによって、持続可能な社会への展望を開くことができるのではないでしょうか。

おわりに―人口変動は新時代からの挑戦状か、招待状か

日本社会が直面している人口減少や少子高齢化、あるいは少子化や長寿化といった変動は、人口（規模）、高齢化率、合計特殊出生率、平均寿命などの人口統計指標によって語られますが、当然のことながら、もたらされる困難は人口分野にとどまるものではなく、

既に社会経済システムの隅々にまで及びつつあります。

そもそも人口変動とは、私たち一人一人の生活や人生の変化のマクロ的な見え方に過ぎないので、単調に推移しているように見える統計指標の水面下では、私たちの日常とそれを取り巻く社会経済のダイナミックな相互作用のドラマが展開しています。問題は、その中で再生産のシナリオが、縮小サイクルを描き始め、システム全体を縮退の方向へと押し流し始めたことです。

もちろんこのサイクルが永遠に続くとは限りませんが、相互作用が複雑すぎて私たちにはシナリオの行方もわからないし、それを修正するようなことも難しいので、今はこの渦巻く流れに翻弄されるばかりです。しかし、本編で見てきたような知見から、この流れには、いくつか指摘できる特徴があるのではないかと思います。

第一は、問題の所在についてです。今、私たちが直面している現実に関する真の問題点は、**人口変動（すなわちライフコースの変動）の中にあるのではなく、それを擁する社会経済システムの側が硬直していることの中にこそある**という点です。

人口の変化の方は、産業革命以来の現文明システムの行き詰まりを素直にあらわしているだけであり、これを操作し、是正しようとすることは、諸課題の本質的解決からはほど遠いのではないかと思われるのです。人口（規模）、高齢化率、合計特殊出生率といった統計指標だけを操作しようとしても、本流は変わりません。無秩序な渦巻きに見えて、実はこの流れは、次の段階の文明システムを模索する胎動であり、私たちはそこへ進む資格があるかどうかを試されているように思えてなりません。

この歴史からの挑戦状に対して、私たちがなすべきなのは、言うまでもなく**入れ物としての社会経済システムの方を、中身、つまり主体である私たち人間の生き方の変化に合わせてつくり替えること**でしょう。

第二は、社会経済システムの何をどのようにつくり替えるべきかという指針についてです。私たちはまず、人口変動と現代社会を支えている理念との衝突を検討すべきだと思います。すなわち、人口高齢化は、選挙制度を基盤とする現行の民主主義と、素朴な市場原理に基づく資本主義経済の欠陥を顕在化させ、それを補うための社会保障制度に対しても、世代間の支え合いという基本理念を破綻に導くという、非常に破壊的な側面を備えています。

本編での説明をおさらいすると、人口高齢化は、多数決原理による政治的意思決定の高齢層への偏りや、市場原理による若年世代へのサービス低下などによって、再生産（出産・

子育て）の当事者である若年層と次世代（子ども）の生活を阻害することで少子化を促進し、結局、自ら人口高齢化を加速するという循環構造をつくり出し、日本社会をこの罠に捕えて、放さないでいるということでした。

そして人口高齢化は、若年世代の高齢世代に対する人口比を小さくすることによって、一人当たりの負担を増大させ、現行社会保障制度の重要な理念となっている「世代間の支え合い」における、公平性を阻害する働きを持ちます。

現在の状況の中で、世代間の公平性について考えると、いくつかの疑問が湧き上がってきます。そもそも自らの世代規模に相当するだけの再生産を行わなかった世代は、老後に若年世代からフルに支えられる資格を有するのでしょうか。逆に、社会における将来世代への投資については、自らの子孫を持たない層にとって、それは受益なき負担の強要とはならないのでしょうか。もしかすると、社会保障という機構自体が、豊富な若年層の存在と、生成に数億年を要する化石燃料の大量消費を前提とした「上り坂」社会、すなわち経済の拡大局面でしか成り立たない仕組みであったということはないのでしょうか。

これらは極論であると言われるかもしれません。現在の社会保障制度においても、世代間の不公平性が大きくなりすぎることがないように、様々な工夫がされていることは承知しています。しかし、今後、世代間の人口の格差がさらに大きくなってくると、こうした議論も一概には否定できなくなる、そうした状況が生まれてくるのではないでしょうか。

これまで自明とされてきた現代社会を支える基本理念は、いずれも近代以降、すなわち産業革命による生産力の飛躍的増大が始まって以降に登場したものです。以来、人口も経済も成長基調しか知らない特殊な状況下にありました。だから縮小基調へと転換したとき、一斉にそのほころびが見えてきたのではないでしょうか。私たちは、**これからの社会経済システムを構想する際には、それらの理念を再検討し、より普遍的なものへとグレードアップすることが求められている**と思います。

それでは、自明で完全と思われてきた理念のどこに問題があったのでしょう。ここでは今後の議論の材料として、一つだけ指摘しておきたいと思います。私たちが、**現在の社会をつくり上げ、発展させてきた過程で、よりどころとしてきた共通の価値観の中に、世代の継承や将来世代の福祉という視点がどのくらい入っていたか**ということです。例えば、社会保障制度において、まだ生まれていない将来世代に対する社会保障や福祉の視点はどのくらい含まれているでしょうか。それとも、今、目の前に存在しない人たちの福祉などは、考える必要はないのでしょうか。私たちは、先達から継承したこの社会経済について、どのような責任を負っており、誰に対してどのようにその責任を果たしていくべきなのでしょうか。

今の社会をつくり上げるにあたって、結局、私たちはいったい何を大切にし、何を大切にしてこなかったのでしょうか。私たちが今、対峙している人口問題は、私たちにそのような素朴な質問を投げかけているように思えて仕方ありません。この歴史からの挑戦状が、いつの日か、次の文明レジームへの招待状であったと思えるように、しっかりと自世代の責任について考え、それを果たしていくことが重要なのではないかと思っています。

参考文献

Lutz, W., Skirbekk V. and M.R. Testa, (2006), "The low fertility trap hypothesis: Forces that may lead to further postponement and fewer births in Europe", Vienna Yearbook of Population Research, pp. 167-192.

Demeny, Paul (1986). "Pronatalist Policies in Low-Fertility Countries: Patterns, Performance and Prospects," Population and Development Review, vol. 12 (Supplement) : 335-358.

McFalls Jr., Joseph A., (2007), "Population: A Lively Introduction, 5th Edition," *Population Bulletin* 62 (1), Washington, DC: Population Reference Bureau.

Preston, Samuel H. (1984). "Children and the elderly: divergent paths for America's dependents." De-

mography 21, 435–457.
Preston, Samuel H. and Kono, Shigemi (1988), "The Changing Status of Children and the Elderly in Japan," pp. 277-308 in J. Palmer, T. Smeeding, and B. Torrey, eds., *The Vulnerable*, Urban Institute Press, Washington.
United Nations, (2017), *World Population Prospects: The 2017 Revision*. United Nations, Department of Economic and Social Affairs, Population Division.
金子隆一（2016）「人口高齢化の諸相とケアを要する人々」『社会保障研究』第1巻第1号 pp.76-97.
鬼頭　宏（2000）『人口から読む日本の歴史』講談社.
国立社会保障・人口問題研究所（2017）『人口の動向―日本と世界―人口統計資料集 2017』厚生労働統計協会.
国立社会保障・人口問題研究所（2017）『日本の将来推計人口（平成二九年推計）』厚生労働統計協会.
内閣統計局編（1930）『明治五年以降我国の人口』（調査資料 第三輯）、内閣統計局.
森田優三（1944）『人口増加の分析』日本評論社.

第二部

座談会

人口減少社会の中で、平成の三〇年間を振り返り、新しい時代の生き方を探る

【出席者】宮本　太郎（中央大学法学部教授）
村木　厚子（元厚生労働事務次官、津田塾大学客員教授）
金子　隆一（明治大学政治経済学部特任教授　前国立社会保障・人口問題研究所副所長）

【司　会】西山　裕（厚生労働統計協会常務理事）

司会　本日はご多忙の中をお集まりいただきまして、まことにありがとうございます。進行役を務めさせていただきます、一般財団法人厚生労働統計協会常務理事の西山です。よろしくお願いいいたします。

今回の座談会につきましては、一つには、日本は、世界一の長寿国になり、また、少子高齢化に加え人口減少という今まで経験したことがない状況に直面していること、もう一つは、「平成」という時代があとわずかで終わるにあたり、その三〇年間を振り返りながら、次の時代を展望して私たちの生き方を考えていくこと、この二つの視点から、議論を進めていきたいと思います。

ご参加いただいているのは、人口問題研究の第一人者で、日本人口学会の会長をされている、国立社会保障・人口問題研究所の金子副所長（＊）、社会保障や労働政策に関して非常に幅広い知識経験をお持ちの、元厚生労働事務次官で現在は津田塾大学で客員教授をされている村木厚子様、そして、社会保障と労働政策を統合した「生活保障」という観点から、最近は「共生保障」という形でさらに議論を展開されている、中央大学法学部の宮本太郎教授の三人の方です。

それでは、まず、金子先生から、第一部でご執筆をいただいた、わが国における今後の人口減少社会の姿と課題のポイントについて、簡単にご説明をしていただいてから議論に入っていきたいと思います。金子先生、よろしくお願いいたします。

＊座談会当時の所属であり、現在は明治大学政治経済学部特任教授。

一　今後の人口減少社会の姿と課題

●人口減少社会の真の姿とは

金子　一般の方々の間でも政府でも、人口問題に対する問題意識自体は非常に高まっているのですけれども、その本質はなかなか理解されていません。

特に知られていないのは、今後、人口が変動していく中で、これまでわが国の社会を支えてきた民主主義や市場原理などの基本的な仕組みが、このままでは、人口状況の変化の中で、わが国の社会の発展や継続性を邪魔するようになっていく、ということです。

もう一つは、高齢化も、人口減少も、わが国は世界で最初に経験をしていく国なので、いや応なく世界にとっての実験室的な立場に置かれていて、今後に必要なものは全て自分たちで発明していかなくてはならないということです。

金子　隆一先生

生態学では、生物の数は、環境に余裕があるうちは急速に増えますが、それが収容力の限界に迫ってくると急に減速して一定値に収束する、S字曲線という法則的なパターンがあります。しかし、近年のわが国の人口の動向は、それから著しく逸脱した形をしています（一四ページ図2参照）。

生物の世界で、人口が減少するのは、通常は、死亡率の上昇が主な原因なのですが、日本の人口の場合は、死亡率はさらに下がっていくのに、出生率の低下によってこのような急速な人口の減少を迎えるのです。このように、人口減少のメカニズムも、生物界から見ると非常に特異です。

国連の統計を見ると、今後、東アジアの韓国や中国などが急速に高齢化して日本を追い上げてくるものの、既に高齢化率世界一の日本は、二一世紀全体を通して、トップクラスの高齢化国として進んでいきます。つまり、人口高齢化に関しては、日本は世界の最先端国として、問題解決の実験室のような役割で向き合っていくのです。わが国は、人口高齢化の水準の高さ、ペースの速さ、そして人口減少のペースの速さと、全てに関して突出しているのですが、その原因は、全て少子化の厳しさにあります。では、今すぐ少子化を解消し、人口置換水準の出生率を回復して、それを続けたら、多くの問題が解決するのではないか。

実は、仮に首尾よく少子化を解消したとしても、人口減少は止まらず、今後五〇～六〇年にわたって人口の減少は続きます。というのも、長期にわたる過去の少子化によって既に若い世代の人口が小さくなっているので、一人一人が生む子ども数を人口置換水準にまで増やしても、全体の出生数は期待するほど増えません。一方、後で説明するように死亡数は増えていくので、急に人口減少を止めることはできないのです。

では少子化対策を行うことには意味がないのかというと、そんなことはありません。今、少子化が完全に解消したなら、二〇八〇年頃から先は、人口が一億人弱のところで静止しますから、今のままの出生率で人口がずっと減り続けるのとは大きく違ってくるのです（三七ページ図8参照）。要は、人口に影響を与えるような施策は、実際の効果が出るまでに非常に長い時間がかかるので、長い視点で向き合っていかなければならないということです。

また、今後のわが国の高齢人口は、より年齢が高い層ほど急なペースで人口が増えていきますので、いわば高齢人口自体が高齢化していきます。要介護度や認知症などの高齢化がもたらす課題は、年齢が高いほど深刻度も高くなります。ですから高齢化率、つまり六五歳以上の全人口に占める割合だけを見ていると、高齢化の深刻度を過小に見てしまうのです。しかし、一般には、この点に気づかないまま高齢化を論じていることが多いです。

次にご指摘したいのは、日本ではこれから年間死亡数が急速に増えていき、いわゆる「多死社会」に向かっていくという点です。わが国は、戦後、乳幼児や青少年をはじめとする若い年齢での死亡が大きく減少しました。今後、その世代の人々が高齢になり、亡くなる時期を迎えるので、年間死亡数が二〇四〇年頃まで急増していきます。このため、今後、終末期医療や介護の需要が急激に増えていくことになります（四三ページ図10参照）。

政治の側面から高齢化を見ると、有権者の中に占める六五歳以上の比率は、一九六五

（昭和四〇）年の一〇・〇％から、二〇一六（平成二八）年では三三・三％と三倍以上になり、有権者の三分の一を占めています。それに加え、投票率を比較すると、二〇歳代は、一番高い六〇歳代後半の半分ぐらいしかないのです（六二ページ図16及び六五ページ図17参照）。こうした状況を考慮しないで社会的な意思決定がされていくのはどうなのだろうかという疑問が出てきます。

同じことは、経済分野の消費市場でも起きます。顧客の多い産業は発展産業、顧客が減っていく産業は衰退産業とすると、若い人を対象とする産業は後者であり、サービスも製品の多様性等も、非常に不利な状況に置かれます。こうした構造が少子化をさらに進めている可能性があります。

次に、女性の世代ごとに、生涯にわたって子どものいない割合を見ると、一九四〇（昭和一五）年生まれの女性では八％に過ぎなかったのですが、一九九五（平成七）年生まれの女性では三六％にもなります。さらに孫を持たない割合を見ると、一九九五（平成七）年生まれの女性では、四七％に達し（七三ページ図19参照）、現在ある家系の四割ぐらいが四〇～五〇年の間になくなっていくことになります。このことが社会保障制度に対して持つ意味は非常に大きいと思います。

社会保障制度は世代間の支え合いを重要な基本理念の一つにしていますが、子どもや孫のいない人たちにとって、将来の世代のために拠出する税金は自分たちには受益がない負担ですし、逆に次世代を生み育てる負担を負わなかった人たちが高齢になり、社会保障によって次の世代から支えられるのはフリーライディングではないかという議論もあり得ます。人々の生き方が多様化し、例えば子どもを持たない人も増えてきた社会では、社会保障制度も、その理念から再検討、再構築することが必要になると思います。

最終的に、私が疑問に思っていることは、社会保障制度というのは生態学的な仕組みとして成り立つものなのか、ということです。生物界では、人間以外に老親を扶養する仕組みを持つ生物種はありません。人間以外でも、利他行為は多く存在しますが、それは最終的に自己の利益につながる種類のもので、「人道的な」あるいは「倫理的な」理由から老親や血縁のない他者を助ける仕組みは存在しないのです。もしかすると、社会保障は、産業革命以降、生産力の大幅な増大による大量の余剰の蓄積を前提として初めて成立した概念なのではないか、とも思うのです。そうだとしたら、今後、人口減少・少子高齢化が進行して、余裕がなくなっていく社会において社会保障という仕組みを維持・継続していくには、相当な覚悟で再構築に取り組んでいく必要があると思います。

宮本　太郎先生

重量挙げ社会とろうと型社会

司会　ありがとうございました。今の金子先生のお話には、いろいろな問題提起が入っていますので、「日本の人口動向の概観」と「人口変動がもたらす課題と対処」の二つに分けて議論していきたいと思います。

まず「日本の人口動向の概観」についてです。宮本先生、人口減少や少子高齢化については、一般にもよく言われているのですが、今後、ここまでつるべ落としのように人口が減少していくことについて、果たして多くの方々が十分理解されているのかどうか。ご感想も含めてコメントをお願いいたします。

宮本　金子先生が非常に多角的、多面的、緻密におっしゃったことをすごく単純に言うことになってしまうのかもしれないのですけれども、私も金子先生のお話をお聞きして、承知してきたことだとは思いつつも、改めて大きな衝撃を受けるところがありました。

大きく考えてみると、国立社会保障・人口問題研究所の最新の人口推計の中位推計で、日本の人口が、これから一億人を割り込む二〇五三年、この来るべき一億人社会と、日本の人口が一億人を超えた一九六七（昭和四二）年、いわばかつての一億人社会を比較してみると、構造が全く違います。既に金子先生のお話の中に含まれておりましたけれども、一九六七（昭和四二）年の一億人社会は、生産年齢人口と高齢人口の比率が十対一だったのに対し、来るべき一億人社会はこれが一対一になるので、よく「肩車社会」と言われるわけですが、肩車なのだろうかということを考えてしまいます。

と申しますのも、支える側と目される現役世代がどんどん弱ってきているのです。女性は最初の子どもを生むときに半分以上が仕事をやめてしまうし、非正規化の流れの中で日本は会社で正規社員でないと教育訓練の対象にならない、そうなると高い生産性を発揮する仕事ができないという問題もあります。頭数からすると一対一なのかもしれませんけれども、まず支える側の方が弱ってきており、支えられる側も、単身化、低年金化が進んでいるのです。

参考１　第一子出生年別、第一子出生前後の妻の就業変化

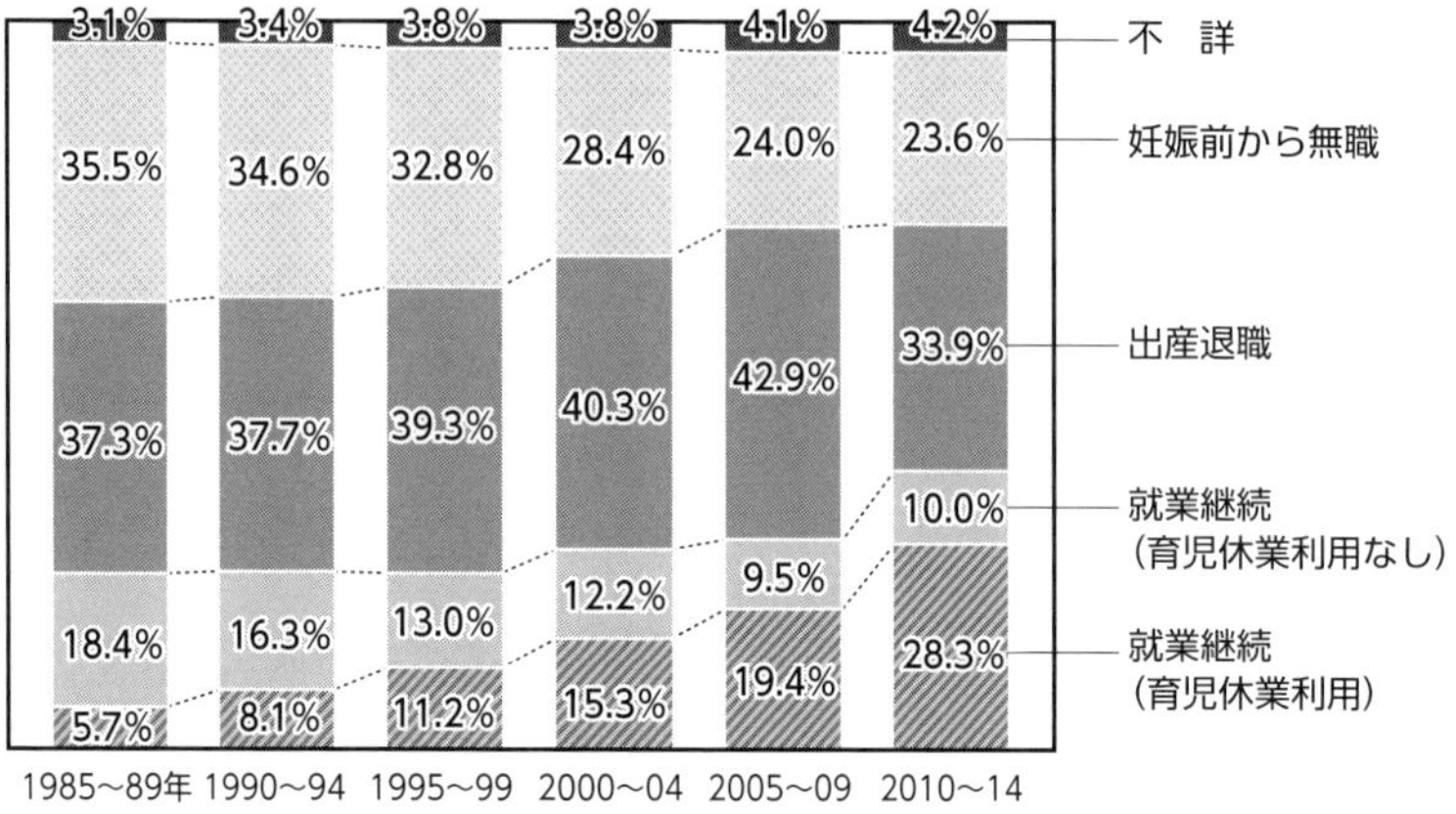

資料　国立社会保障・人口問題研究所「第15回出生動向基本調査」

これまでの日本の社会保障の考え方は、男性世帯主中心に家族を扶養し、税と社会保険料を拠出して働けない人たちを支えるという、「支える」と「支えられる」の二分法を前提としてきました。

そうした考え方をする限りは、もはや肩車とは言えないのではないかと思います。私は、むしろ**重量挙げ社会**ではないか、と言っております。高齢者をバーベルにしてはいけないのですが、自分の体重よりも二倍も三倍も重いものを持ち上げるというのは、スポーツとしての重量挙げでも審判が成功と認めるのは二、三秒立っていればいいのですが、それをずっと持ち上げ続けなければならないという実態を考えると、もはや二分法を前提にする限りは、社会の持続可能性はないと言っても過言ではないと思います。

参考2　2045年の都道府県別人口の指数（1970年を100とした場合）

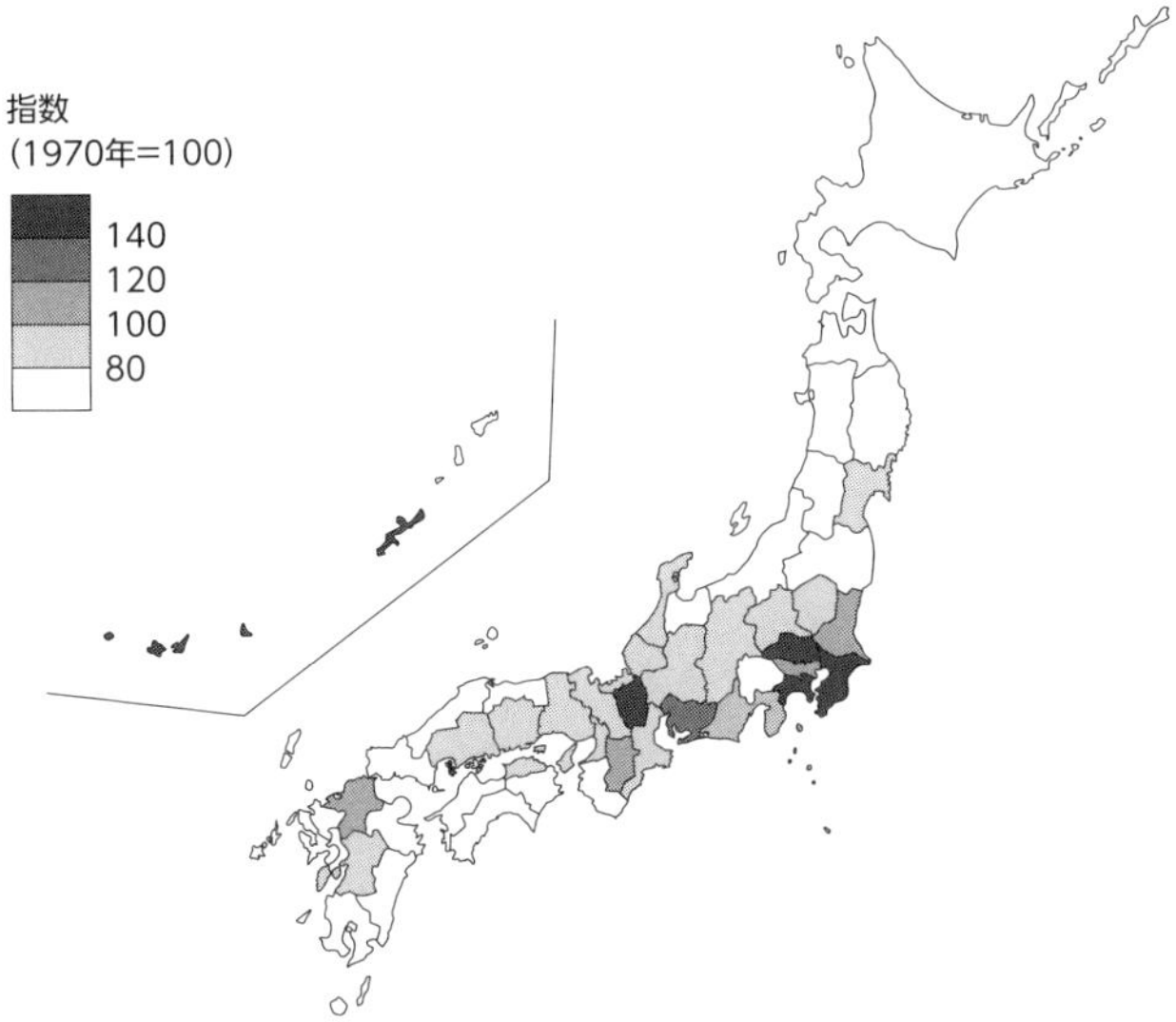

資料　総務省統計局「国勢調査」
国立社会保障・人口問題研究所「日本の地域別将来推計人口（平成30(2018)年推計）」

　重量挙げ社会の到来と並ぶもう一つの特徴として、私は**ろうと型社会**の到来と言っています。「ろうと」というのは、一升瓶にお酒を注ぐときのろうとで、最近ほとんど使いませんので学生に「ろうと」と言っても全然通じませんが、どういうことかというと、一九六七（昭和四二）年型の一億人社会というのは、都市と地方の人口のバランスがそれなりにとれていたのです。ところが、来るべき一億人社会は、近似値で見ますと、二〇四〇年の東京都の人口は、二〇一五（平成二七）年の水準を維持して一三四六万人だと言われています。それに対して、例えば秋田県の場合は、明治時代の人口を下回るほど減少していくのです。

これは言うまでもなく、地方で若い世代が仕事に就き結婚して暮らしていくことがだんだん困難になっていくということです。

かつては、田舎で生まれた二〇歳代後半の女性は、大学は東京の短大か四年制大学に行っても、田舎から電話がかかってきて、いい人がいるからこっちで身を固めなさいと言われ、二〇歳代後半になると戻っていくというパターンが多かったわけですけれども、今では、そういう身を固める相手がいないので、電話がかかってきません。むしろ、田舎からさらに都会に若い人が流入しているのです。つまり、ろうとを仮に透明なものとして横から見ていると、一番下にずっと人が集まってきて、一番子どもを生み育てにくい東京での社会増が一番顕著であるという、著しい人口の配置のアンバランスが起きてくるのです。

そして、**重量挙げ社会、ろうと型社会の社会保障**とは、何なのだろう。一つだけ今日の座談会のポイントに関連して結論めいたことを申し上げると、平成三〇年というのが議論のポイントになります。私は、この平成の三〇年間は、大きく見た場合、こうした**支える・支えられるの二分法**で、支える側は頑張る、支えられる側は保護される立場としてつつましく、おとなしくといったような、これまでの社会保障に対して挑戦をしてきた三〇年間だったと思っています。介護保険から始まって、村木先生が大いに関わられた障害者自立支援制度、障害者総合支援制度、さらには子ども・子育て支援制度、生活困窮者自立支援制度に至るまで、実はそういう二分法を克服しようということが積み重ねられてきた三〇年であると思っております。

そのことはまた後で議論させていただきたいと思うのですけれども、この体制に対処できる社会保障というのはあるのだろうかという非常にチャレンジングかつ挑発的な問題提起を金子先生からいただいたわけです。

今から変えられること、今さら変えられないこと

司会　では村木先生、先ほどの金子先生からの問題提起につきまして、私自身も少親化や多死社会の話については、漠然と認識していたつもりでしたが、ここまできちんと指摘されると、それほどまでしっかりした認識は持っていなかったと思います。コメントをお願いいたします。

村木　「少子高齢化」自体については、私たちは、耳にタコができるぐらい聞かされてい

村木　厚子先生

る状況なのですが、今の金子先生のお話は、わが国の人口動向について、本当にわかりやすく、きちんと因数分解してご説明いただいたので、すごくありがたかったと思います。

私自身も、社会保障や労働問題を一般の方にお話をするときには、少し因数分解をしてお話をしています。**今から変えられることと、今さら変えられないことがある**、例えばこの先二〇年間の生産年齢人口は、外国人労働力の導入という問題を除けば、増やすことはできないわけです。先ほどの金子先生のお話のように、今から少子化を止めることができたとしても、少なくとも二〇年間は生産年齢人口を増やすことはできませんが、二〇年後から先の生産年齢人口は変えられる。そうした変えられることと変えられないことを分けて示していかないと、対応策に結びつかないだろうという思いがありました。金子先生のご説明は、それを非常にクリアに出していただいたと思います。それをやはり見せていかないと、ではどうするかという議論ができないのだろうと思っています。

金子先生がご説明されたように、すぐに楽にならなくても、あるいは実際は足元では厳しくても、子どもを生みやすく、育てやすくする政策、宮本先生のお話で言えば若い人を助ける社会保障政策を、今どんなに苦しくても我慢してやるというのがこの国にとって非常に大事なことであると思います。ただ、そうした政策を進めても、それによってわれわれが少し楽になるのは二〇年後であるということも、しっかり認識しておかなければならないと思います。

二つ目は、もう生まれてしまった人たち、つまり変えられないところについてどうするかということです。私は、その点についても、まだ多くの可能性はあり、人口が増えないのであれば、人口の中でどれだけの人が労働に参加するかという参加率と、一人当たりの生産性、この二点にきちんと狙いを定めた政策、例えばダイバーシティ政策（人々の多様性を認め、多様な人材が職場等でその能力を発揮できるように進めていく政策）や一億総活躍政策等を進めていく。そのように因数分解をした上で、こうしたことがで

参考3　年齢階級（5歳階級）別労働力人口比率の推移

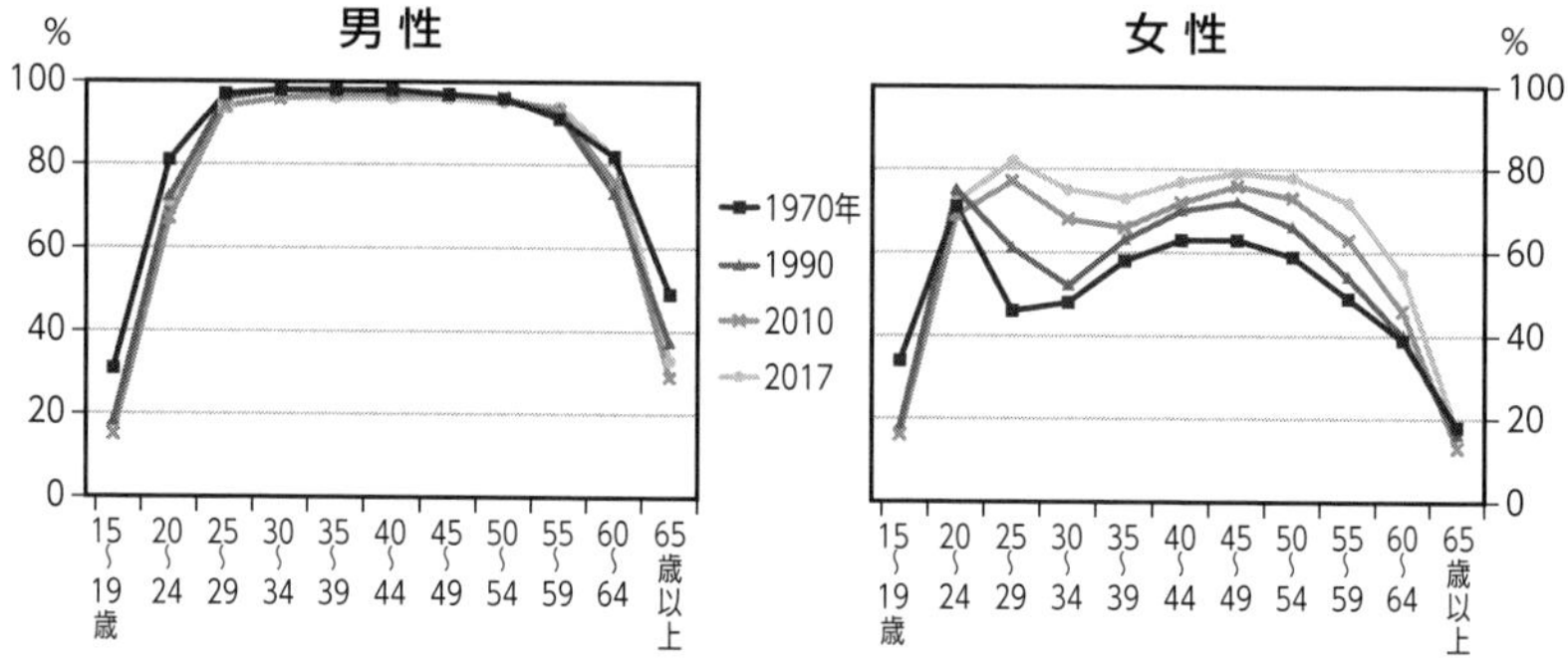

資料　総務省統計局「労働力調査結果」

きるよ、ということを言っていかなければいけないと思っています。そのために、今回のお話とデータは、とてもわかりやすくて、すばらしいなと思いました。

もう一つ、私は金子先生のお話を聞いて改めて思ったのですが、多死社会ということがあまりきちんと受けとめられていない。特に役所は人が死ぬところについてこうあるべきと言えないものですから、その点について抑制的にやってきた。あるいは言いかけて何度も失敗してきた。これは、役所がいかにプレゼンテーションが下手だったかということでもあるのですが、いい最期を迎えるための施策は、これからしばらくの間、とても大事になっていくと思うのです。この点は、日本の社会保障政策や世の中全体の世論形成の中で、とても不足しているところではないか、と思っていたのですけれども、今回のお話でもう一回数字を見させていただいて、その重要性を改めて感じました。

司会　最近、「終活」ということがよく言われるようになっています。もしかしたら、一般の方々の方が感覚的に多死社会の到来を感じられているのかなとも思います。

村木　「終活」という、前向きでいい言葉が出てきましたよね。こうした言葉が出てきたことをきっかけに、人生の最期のところについて、介護や医療を合わせた議論、さらには資産の処分等も含めても、一つの大きな社会的な資産でもあるのではないかと思いますので、そうした議論がこれから必要になるだろうと思いながら伺いました。

司会　先ほど金子先生から、子どもを持たない女性が四分の一にもなるとか、孫を持たない女性が半分ぐらいになるといったお話がありましたが、もともと日本の社会保障は、ある意味、家族を前提としてつくっているところがあるのではないかと思います。その意味でいくと、その前提が変わってしまうため、「終活」として自分の人生は自分で始末をつけなければいけないという意識になってきているのではないか、という感じがしております。ありがとうございました。

支えられる側の苦しさ―困窮化・孤立化・死を棚上げにした社会

司会　今度は、「人口変動がもたらす課題と対処」についてです。先ほどの金子先生のお話の後半部分で、政治が高齢者中心になり、若い世代が不利になっていく、というお話がありました。宮本先生はもともと政治学の研究者でいらっしゃいますが、こうした問題提起に対して、コメントをいただければと思います。

宮本　私は、社会保障の課題は、単純に言うと、**皆さんを幸福にすること**だと思っております。ところが、先ほど申し上げた、二分法を前提にした社会の中で、双方が次第に苦しくなってきているという現実があります。

しかし、必ずしも暗いことばかりではありません。二〇一七（平成二九）年の春に話題になった「ライフシフト　一〇〇年時代の人生戦略」（リンダ・グラットン、アンドリュー・スコット著、池村千秋訳、二〇一六年一一月、東洋経済新報社）では、**二〇〇七（平成一九）年生まれの日本人の半数が一〇七歳まで生きる**、とされています。このことは、二〇一七（平成二九）年一二月に閣議決定された「新しい経済政策パッケージ」（いわゆる二兆円パッケージ）の中でも言及されており、政府の政策の前提になりつつあります。そうなると二〇歳から六五歳までの労働時間が約一〇万時間で、六五歳からこれまでのように八五歳まで生きるとしたら起きている時間が約一〇万時間です。ところが、これが一〇七歳までに生きるとなると、起きている時間は二〇万時間になっていくのです。こうなってくると、六五歳はターニングポイントですらなくなり、マラソンで言えば、**途中で水を飲む中継地点**のようになってきます。

ところが、その二〇万時間は夢にまで見た長寿社会の到来のはずなのに、現在の仕組みのままでは極めて厳しい二〇万時間になりかねないのです。その前提として、一つは困窮化、特に単身高齢世帯の困窮化という問題があります。女性の場合は、未婚、離別の単身高齢女性の半分以上が、生活保護受給水準以下の所得に近づくのではないかということが予測されており（*）、これにどのように対処するか、という問題があります。

*稲垣誠一「高齢女性の貧困化に関するシミュレーション分析」（「年金と経済」第三五巻第三号、二〇一六年一〇月、公益財団法人年金シニアプラン総合研究機構）

二つ目が孤立化であり、単身世帯が激増していくと、よく紹介されるデータですけれど、特に男性単身世帯の場合は、国立社会保障・人口問題研究所の調査で、二週間の間に一回しか口をきかなかった人が一六・七%もいるという結果が出ています。女性では

参考４　高齢者世帯構造別被保護者数の推移

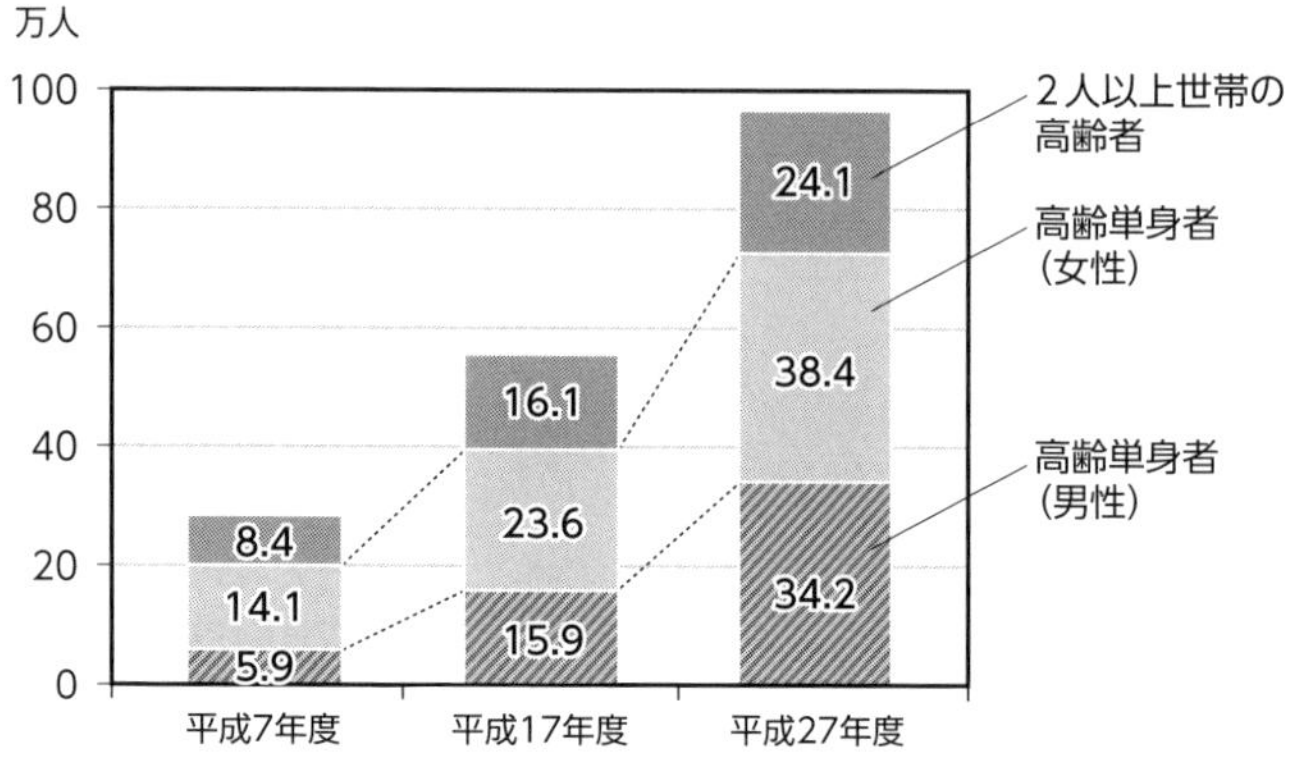

資料　厚生労働省「社会保障審議会生活困窮者自立支援及び生活保護部会資料」(平成29年7月11日)

こうしたことはあり得ないと思われますが、男性にはあり得るということです。

三つ目は、多死社会に関わることですが、私は、「終活」は悪い言葉ではないけれども、問題をどこか回避しているのではないかという気がしています。日本は宗教が非常に弱い社会です。世俗的なイベント的宗教というのは盛んなのですが、「死」を棚上げにしてきた社会ということは言えるのではないかと思っていま す。私のような大学教員という仕事をしていると、もっとお葬式に呼ばれてもおかしくないのですが、最近は、身内で済ますことも多いです。昔のような霊柩車もほとんど見なくなっています。こうした変化はよい面もありますが、同時に日本では、これまで以上に死が隠蔽されたり、棚上げにされたりすることにつながりかねないのです。そうした中で、他方ではアンチエイジ

参考5　65歳以上の性別・世帯タイプ別会話頻度

（単位　%）

世帯タイプ		会話頻度			
		毎日	2〜3日に1回	4〜7日に1回	2週間に1回以下
男性	単独世帯	50.0	18.3	15.1	16.7
	夫婦のみ世帯	85.4	8.1	2.4	4.1
女性	単独世帯	62.8	24.9	8.4	3.9
	夫婦のみ世帯	86.7	8.6	3.1	1.6

資料　国立社会保障・人口問題研究所「2012年　社会保障・人口問題基本調査　生活と支え合いに関する調査」

ングなどという言葉がまかり通っています。二〇歳から六五歳までの労働時間一〇万時間がピークになってしまって、その後の一〇七歳までの起きている時間二〇万時間については、人間の能力、振る舞い方、容姿、全てがマイナスの連続で、それにいかにあらがうかを頑張るという話になっていってしまいます。そういう価値観でいいのだろうかと、改めて思ってしまいます。

と申しますのも、最近、アメリカの有名な雑誌（「アルーア」二〇一七年九月号）が**アンチエイジングという言葉を使うのをやめるという宣言**をしました。これは元日本医科大学教授の長谷川先生がよく言っていることですが(*)、**生殖期を終えた個体がその種の個体総数の半分以上を占めて生き続ける**などということは、人類史どころか**生命三八億年の歴史で初めての出来事**なのです。ところが、その人間の価値観が、非常に若くて元気な人生のそもそも生物学的ピークを一番の頂点として構築されるというのは、残りの二〇万時間を本当の意味で生き生きと過ごしていく上でいいのだろうか、ということを深く感じます。これが支えられる側の苦しさの問題です。

＊例えば、長谷川敏彦「ケアサイクル論―二一世紀の予防・医療・介護統合ケアの基礎理論―」（『社会保障研究』第一巻第一号、二〇一六年六月、国立社会保障・人口問題研究所）

●支える側の困難―働き方や家族づくりの難しさ

それに対して、支える側の困難は、先ほど申し上げた働き方や家族をつくることの難しさということになります。結婚そのものが非常に厳しくなっています。初職が非正規雇用の場合、三〇歳代前半で結婚している割合は、正規雇用が七割であるのに対して、三割になります。ところが、それをうまくクリアして結婚したとしても、子どもを生み育てるコストが膨らんでいます。全部国立で大学までやっても最近の文部科学省の計算でも一〇〇〇万円かかる。これに養育費等を加えると三〇〇〇万円近くかかる。そういう困難があります。

文部科学省「平成二八年度子供の学習費調査」によると、幼稚園三歳から高等学校第三学年までの一五年間、全て公立に通った場合の学習費総額は約五四〇万円。また、日本学生支援機構「平成二六年度学生生活調査」によると、国立の大学学部（昼間部）の一年間の学費は約六五万円、生活費は八五万円でした。これを合計すると、大学卒業までの学費は八〇〇万円、これに大学の生活費を加えると一〇〇〇万円を超えることになります。

先ほどの司会の方からの問いかけは、政治の問題も考えて若い世代がどういうふうに変えていくことができるのかということだと思うのですけれども、金子先生のお話の言い換えになってしまうのですが、一九八〇（昭和五五）年は二〇歳代の人口が一六三三万人で、その投票率が六三％だったので、実際に投票された若者の票は一〇二八万票と、一〇〇〇万票を超えていました。ところが、二〇一二（平成二四）年を見てみると、二〇歳代人口は一三〇九万人に減っていて、投票率も三七％に減っているので、実際に投じられた票は、一九八〇（昭和五五）年の半分以下である四八四万票にしかなっていません。

これは、スウェーデン等で若者の投票率が七九％を超えていることを考えると、かなり深刻な事態だと思います。一つには、シルバーデモクラシー等と言われ、政治が高齢世代のほうばかり向いている、それはある程度事実だと思いますが、最近の選挙における票の出方を見ると、現政権の支持というのは結構若い世代に多いのです。それなら、政治はもっとこの世代を頼りにしてもいいはずであり、今度の二兆円パッケージなどはその走りなのかもしれないとも思っています。しかし、実は、政治の側が、若い世代の不安を払拭して、これなら頑張れるという政策提起を出しあぐねているのではないだろうか。もちろん待機児童をなくすとか、介護離職ゼロという話は出てくるのですが、もっと社会像として、この世代が政治に関心を持つような施策を出しあぐねているというのが実情なのではないかと思います。

それに対して、スウェーデンの場合は、例えばライフサイクルの前半部分で政治ががっちり若い世代を支える仕組みになっています。奨学金の話一つとってみても、日本では、今回も低所得層に給付型奨学金を出すという話になっていますが、スウェーデンでは、所得の多い少ないに関係なく大学は基本的に無償ですので、奨学金は、学び直しの間の生活費として、若い世代に給付されるのです。制度的な支援が定着している分、その動向は若い世代にとって大問題であり、政治に関心を持たざるを得なくなっているのです。

これに対し、日本では、**これまでの二分法型の社会、つまり若い世代は雇用で頑張って、高齢世代を支えるという制度**に勢いがついてしまっていて、なかなか違う方向にかじを切れないでいる。支える側も支えられる側も厳しくなっている現実が、その辺にう

参考６　新体力テストの合計点の年次推移

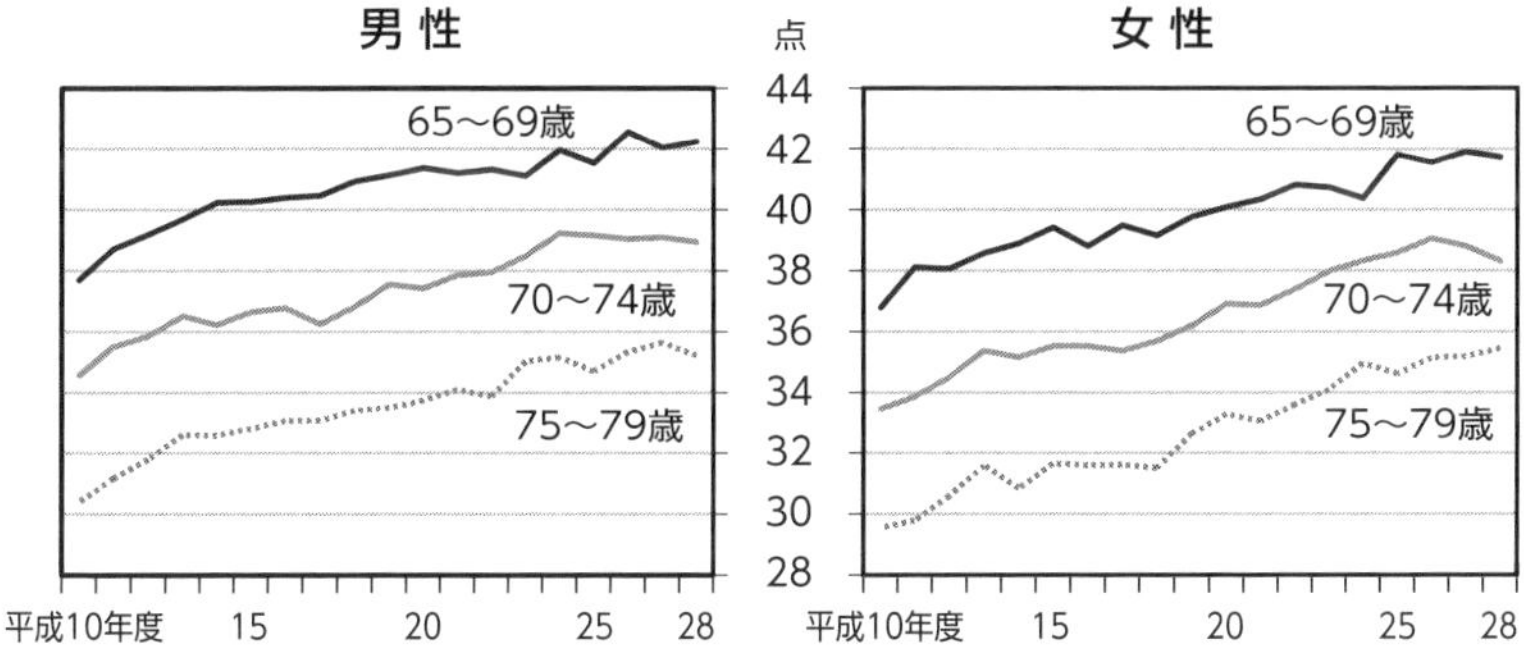

資料　スポーツ庁「平成28年度体力・運動能力調査」

かがえると思います。

●年齢輪切り主義の強い日本社会

司会　先ほど、高齢期が長くなっているというお話がありましたが、六〇歳代や七〇歳代の方々が体力的に向上されているということもあります。そして、最近は人生一〇〇年と言われるようになっていると、六〇歳から後は「老後」という表現自身がおかしいのではないでしょうか。

村木　「人生一〇〇年時代構想会議」という委員会が官邸にできましたが、何の違和感もないですね。

司会　そうすると、六〇歳の後、四〇年近くも、健康で動ける長い期間ができるにも関わらず、その期間をどのように過ごしたらいいかが、まだわかっていない、というところがあるのでしょうか。

村木　以前、金子先生に、日本はだいたい二五年から三〇年で寿命が五年ぐらい延びており、それに従って健康寿命もそれなりに比例して延びてきているという国立社会保障・人口問題研究所のデータを見せていただきました。だとすると、平成の三〇年間に、われわれは少なくとも五歳はシフトして考えていなければいけない、ということになります。

先ほどの宮本先生の話は非常に刺激的で、例えば高齢者で言えば、日本でボランティアの参加率が一番高いのは七〇歳代男性という調査もあります。同時に、最も孤立しやすいのは男性一人暮らしです。高齢者というのは二つの面を持っていて、社会の側がうまくつながれるかどうかで、非常に孤立した、心配な高齢者になるのか、それとも社会に大きく貢献できるマンパワーとなるのかが分かれてしまうのです。そこは、社会が工夫できる部

参考７　平均寿命の年次推移

（単位　年）

	男	女
昭和30年	63.60	67.75
35	65.32	70.19
40	67.74	72.92
45	69.31	74.66
50	71.73	76.89
55	73.35	78.76
60	74.78	80.48
平成2	75.92	81.90
7	76.38	82.85
12	77.72	84.60
17	78.56	85.52
22	79.55	86.30
27	80.75	86.99
28	80.98	87.14

資料　厚生労働省「平成28年簡易生命表」

分ではないかと思うのです。

私の問題意識は、社会への参加率をいかに高めるか、支え手をいかに増やすかということなので、高齢パワーというのはとても大きいと思います。ところが、**日本はどうしても年齢で区切る考え方が非常に強く**、定年制を動かすときも年齢差別禁止法にしないのかという議論が出たのですけれども、なかなかそういう方向には行かず、どうしても六〇歳定年を六五歳でという形になってしまいます。宮本先生がおっしゃった二分法の克服問題と絡んで、年齢で考える世界から少し脱していってもいいのではないかと思っています。

楠木新さんの「定年後」を読むと、六〇歳から七五歳という期間は、少し義務から解放された、まだ体力のある黄金時代だと書いてありました。その本を読んだ直後に会った八〇歳代、九〇歳代の女性の人たちは本当に高齢でも元気で、六〇歳から七五歳の期間が黄金時代なら、七五歳から一〇〇歳はプラチナ時代と名付けてもいいかなと思いました。

楠木新「定年後　五〇歳からの生き方、終わり方」（二〇一七年四月、中公新書）では、「第四章　黄金の一五年を輝かせる」において、五〇歳からの一五年について、次のように言及されています。

「六〇歳から七四歳までは、自立を確保できて、かつ今までの組織における義務の束縛から逃れ、家族の扶養義務も一段落つく。多くの時間を自分のために費やせる人生のラストチャンスだと見ていいだろう。経済的な余裕によって多少の違いがあっても、持てる能力を最大限に発揮して生きることは可能である。また、ゆったりと何もしないで無所属の時間を味わうこともできる。……（中略）……

会社組織で長く働いていると、人生で輝く期間は役割を背負ってバリバリ働く四十代だと勘違いしがちである。しかしそれは社内での役職を到達点と見る考え方であり、本当の黄金の期間は六〇歳から七四歳までの一五年間なのである。」

私は、年齢の枠を取り払うだけで、随分物事が変わると思います。高齢者は働けない人で、養ってもらう人で、重量挙げのバーベルの方だという発想を取り払うためにも、私たちは、**年齢で考える考え方からそろそろ脱していいのではないか、年齢に関わらず支えられる人は支える、あるいは支えられる部分では支えるというふうに、人に対する見方を変えるところに来つつある**という気がします、これは、後段の議論にも絡んでくると思います。

宮本　私も全く同感です。これは私のオリジナルの言葉ではなくて、経済同友会（*）が使ったことがあるのですけれども、**年齢輪切り主義**という言葉があります。日本は本当に驚くべき緻密さで学年と年齢が対応していくのです。だからこそ子どもたちは大変なプレッシャーを受けていて、一年遅れたら人生破滅だと思っているのです。みんな同じ年の子がびしっと教室にそろう。大学も一八歳から、これは浪人生もいますけれども、彼らにとっては浪人生との遭遇が、人生で初めての異年齢集団との構造的な遭遇なのです。大学教師は、新入生から「先生、一浪してきた人とタメ口きいていいんすか」と聞かれるのが常なのです。

＊経済同友会『「学働遊合（がくどうゆうごう）」のすすめ　いつでも学び・働き、その楽しさを感じられる社会を目指して、企業は意識を変え、行動する』（一九九七年三月）

村木先生は官僚でいらっしゃったので、意地悪な言い方になるかもしれないですが、その象徴がまさに霞が関の官庁であって、自分たちのことを入省年度で呼ぶのです。私は平成五年ですとか、皆さんそういうアイデンティファイ（自己規定）をしてしまっているので。そのような霞が関がいわば司令塔になって日本社会全体が年齢輪切り主義になっていくのです。

このことの問題として大きいことは、特に女性は年齢輪切り主義の外のゾーンに出ている点があり、これは不当にも追い出されるという面もありますけれども、地域で異年齢の近所の若い奥さん、あるいは向こう三軒両隣のお年寄りなどとお付き合いをしていくという異年齢集団との付き合いが生まれてくるのですが、男性については、だいたい四五歳くらいまでは低姿勢であることを強いられ、それを過ぎると急に胸のそり方が変わる――変わらなければいけないような職場も多いのです。そして、女性と違って、例えば地域に出ていっても、気軽に一人の個人として何かの関係を持って楽しんでいくということが非常に難しくなっていくのです。そういうロールテーキングを構造的に強いられていき、下手に近所の人、特に若い女性に声をかけると怪しいおじさん扱いされかねない。それがたまりにたまって、定年後の孤立が待っているわけです。

楠木さんの本を読んでも、私が印象的だったエピソードは、会社、学校、役所にいる間は宮本先生などと名前で呼ばれるのですが、いったんそこを出てしまうと名前で呼ばれなくなる。久しぶりに病院に行って、今の病院は丁寧ですから「患者様の宮本様」と言われてほっとする。地域で自分の名前というのが蒸発してしまって、呼ばれなくなったのが非常に衝撃的だったという一節がありましたけれども、事程左様に足場がなくなってしまうわけです。

そのため、胸をそることで社会を生きてきた、本当にそれがキャラクターなのではなくて、そういう役割が求められてきてしまった男性は、地域に戻ろうとしてもほかにプライドの持ち方や関係のつくり方を知らないため、いろいろな地域の集まりに行っても自分の人生の自慢語りになりがちです。これは悪気はないのですけれども、自分は銀行員を四〇年やっていたとか、私はこんな本を書いて、こんなに売れたんだとか、そういうことを言うことでしか何か自分というものを表現できなくなってしまっていく。そうするうちに周りは当然引いていきますし、結局、自分はかつてのようにちゃんと分相応に扱われていないという不満が高じていく。そのため、仲間が一人、二人と減っていき、孤立していってしまう。こうした事態になっていくのです。ここは何とかしていかないと、つまり制度と個人、特に男性の気の持ち方の両方で何とかしていかなければいけないのではないかと思います。

●支え合いの関係づくりと、それを支えるインフラとしての社会保障

司会　先ほど金子先生から、社会保障の理念は世代と世代の支え合いということを言われたのですが、社会保障の理念はそれだけではなく、例えばセーフティーネットの理念も、強制加入の社会保険の仕組みもあります。ただ、日本の高齢化が進展していく際に、厚生労働省自身が「修正積立方式」（高齢者に毎年払われる年金の財源は、その年に若い人々の支払った保険料と年金積立金で賄われる仕組み）の年金制度を守るためにそのことを強調してきた面があるのではないかと思います。

また、高齢者の関係では、介護保険や後期高齢者医療制度については、高齢者だけの保険料では制度の財政は成立しませんので、若い人が支えなければいけないということを制度のために言ってきました。

それが日本の年齢輪切り社会を強調してしまったところもあったと思いますが、それだけでなく、支えられる側の高齢者が増加していくと、今度は世代間対立をどんどん激

化させるような意味合いも持ってしまったのかな、とも思います。

宮本先生が先ほど言及され、私も少し前に勉強した「共生」という理念は、そういう輪切りの世界ではない理念として出てきたのではないか、今、村木先生がおっしゃったように、違った理念をもっと前面に出さないと、すごくおかしな感じになっていってしまうのではないか、という感じがしております

村木　確かに、厚生労働省は、社会保障について、よく「社会全体での仕送り」という言い方をしていますよね。私は、あの言い方は、子どもにわかりやすく教えるときにはいいかもしれないけれども、正しくないのではないかと思っています。

社会保障自体の理念としては、リスクの減少とかいろいろなことがありますけれども、もう一つは社会全体の安定を保っている部分があるのです。自分が生きている社会で、例えば失業者とか高齢者で貧困の家庭がたくさんある、あるいは働ける世代の人が大量に失業している。それは、その人たちが困っていることはもちろんですけれども、自分の住んでいる社会全体の住み心地が悪くなるわけで、あまり世代間の仕送りなどということを言うと、実は社会保障で社会全体を守っているというところが見えにくくなっているという気がします。

宮本　匿名性というのは、社会保障制度としてとても大切な部分があることは事実だと思います。というのも、自分の年金の保険料が誰を助けているかわからないわけですよね。隣のおばあちゃんにあげると、もっとお互い豊かな気持ちになるかもしれないけれども、そのことは、気持ちの上で何か負荷を高めてしまうようなところもあるわけで、匿名性というのは大事だと思います。

ただ、地域の中で「共生」というやや手あかのついた言葉を使うならば、それをもう少しフレッシュに使い直さないといけないと思いますが、**年齢輪切り主義を超え、支える側・支えられる側の二分法を超え、みんながいろいろな形で働き、あるいは働くまでいかなくてもその地域で力を発揮し、ときには思い切って支えられる。そういう関係が具体的に成立して、その支え合いを支えるインフラとして社会保障がある**ということが非常に大事になっていくのかなと思うのです。

ですから、公的な制度が匿名的に社会全体を回している、そのことの具体的な表現が地域の中で見えてこないと、税金がちゃんと返ってきて循環していると感じて気持ちよく払うことができないのではないかと思います。

他方で、地域の支え合いの場をつくっていくことも大事です。既にいろいろな制度もできていて、シルバー人材センターなども七〇万人以上の人が加入しているのですが、みんなで連帯して働ける働き方を守ろうという観点から請負制を重視してきたために、公園の清掃業務などに偏る傾向があり、参加の機会として広がりきれていない。また男性の側は、先ほど申し上げたようになかなかそういうところに飛び込んでいくマインドも持っていないという流れが続いてしまっていて、地域での新しい支え合いを支えるというきっかけがなかなか出てこない。

金子 それに関連して、各年齢の人が、平均あと何年生きられるかを示す「平均余命」をその年齢層の平均的健康度と見なす考え方があります。例えば、六五歳の男性の平均余命は、一九六〇（昭和三五）年には一一・六年だったのに対して、二〇一〇（平成二二）年では一八・七年に延びていますから、かなり健康になっていると言えるでしょう。この考え方によって、一九六〇年における六五歳の平均余命（一一・六年）を「高齢者」の始まりの水準とすると、二〇一〇年においてこの平均余命に達するのは、七四・七歳となります（平均余命等価年齢）。つまり平均余命で高齢を定義すると、二〇一〇年の高齢者は七四・七歳からと考えることができます。この平均余命による高齢者の定義を用いて高齢化率（高齢者の全人口に対する比率）を計算すると、将来にわたって、従来の暦年齢の高齢化率の半分ぐらいになります。

人口学では、年少人口（〇～一四歳）と老年人口（六五歳以上）を合わせた数を生産年齢人口（一五～六四歳）で割ったものを「従属人口指数」と言い、この指数が低い時期を「人口ボーナス」、高い時期を「人口オーナス」と呼ぶのですが、健康度による高齢の定義を用いると、今後は、むしろ人口ボーナスの状態がずっと続くぐらいの明るい見通しとなります。

先生方が今、議論されていることは、年齢輪切り社会を変えることによって、根本的に社会は変わるということですが、そのことは、人口学の分野からは、平均余命を用いた健康度による定義を用いることで、定量的に実証することができるわけです。実態に即して柔軟に決めるという点は、今後の社会では、非常に重要なことだと思っています。

高齢者の定義に「健康」を加味する方法をもっと一般化することができれば、つまり「六五歳以上人口」という量だけでなく、様々な質も加味して見ることができればと思います。健康というのは一つの質のあらわれですが、例えば教育もそうですよね。人材ということでお話に出ていましたが、高齢者の知識や経験、教養は、健康と同じように向上をしている側面です。そのほかにもいろいろな面で質が高まっていくということが

あるので、そこは今後の展望の中で、非常に明るい面なのです。

問題は、これまで、年齢で全てを切っていた制度をいかに変えていくか、ということです。この問題で難しいのは、平均としてはこういう明るい像が描けるのですけれども、やはり高齢者というのは健康一つ取っても非常に多様性がある。ですから、例えば余命等価年齢を使って年金支給開始年齢を上げようという単純な議論に使われてしまうと、それは全く違うのです。そういうことが言いたいわけではありません。要するに質が向上すると同時に多様なものとなっていく高齢者のパワーをいかに社会がうまく使っていくかという全く発想の違った制度をつくっていかないと、せっかくこういう明るい材料があっても全く無駄になってしまうのです。

高齢化の問題については、どうしても高齢者が増える、比率が高まるといった人口の側の問題として捉えられてしまうのですが、それは一面的に過ぎます。制度の側をこれまでの前提のままで考えるから、暗い将来像になるのです。われわれは、これまで何のために頑張ってきたのかを思い起こしてほしいのです。健康長寿も、高い教育水準も、これまでの先輩たちの努力により獲得してきたものです。それらを生かすような仕組みをつくっていくことが必要で、それこそが現在の世代の使命のように感じます。

とはいえ、言うのは簡単ですけれども、既存のシステムがある上で、全く別の発想の仕組みをつくっていくことは、確かに非常に難しいです。しかし、現在、それをやらない限りは絶対に乗り越えていけない文明段階にいよいよ来ているということを、多くの方に認識してもらうことが必要だと感じています。

村木　世界経済フォーラムが、毎年、各国における男女格差を測る「ジェンダーギャップ指数」を発表していますが、日本はこの指数の順位が非常に低く、二〇一六（平成二八）年は百十一位です。内訳として、健康、教育、経済参画、政治参画の四つの分野における男女格差が指数化されていますが、そこでは、日本は、寿命も含めた健康と教育水準の高さについては点数が高いのですが、経済参画と政治参画の点数が低いのです。です

参考8　ジェンダーギャップ指数（2017年版）

順位	国名	総合スコア	部門別スコア			
			経済参画	教育	健康	政治参画
1	アイスランド	0.878	0.798	0.995	0.969	0.750
11	フランス	0.778	0.683	1.000	0.977	0.453
12	ドイツ	0.778	0.720	0.970	0.975	0.447
15	イギリス	0.770	0.705	0.999	0.971	0.404
16	カナダ	0.769	0.744	1.000	0.970	0.361
49	アメリカ	0.718	0.776	1.000	0.973	0.124
71	ロシア	0.696	0.724	0.997	0.980	0.085
82	イタリア	0.692	0.571	0.995	0.967	0.234
100	中国	0.674	0.654	0.963	0.918	0.160
114	日本	0.657	0.580	0.991	0.980	0.078
118	韓国	0.650	0.533	0.960	0.973	0.134

資料　世界経済フォーラム（World Economic Forum）“The Global Gender Gap Report 2017”

から、非常に健康で、非常に優秀な女性を育成しておきながら、そのパワーを使わない、もったいない国日本と言われています。それを変えようと、女性の活躍の問題では非常に苦労してやっている途上なのです。今のお話をお聞きすると、高齢者についても全く同じ構図が当てはまる、その意味で非常におもしろいと思います。やはり、そこが日本の課題なのですね。

宮本　男性は活躍しているように見えるが、壊れかけている政治と経済の中で活躍しているに過ぎない。実は、百年後になってみたら、そのジェンダーギャップが、新しい社会の形成につながり、日本を救ったという話にもなるのかもしれません。この点は、大事な視点だと思います。

村木　高齢者の問題と男女格差の問題は、かなり共通の課題として取り組んでいけるのかもしれません。

二　平成の三〇年間をどう見るか

平成の三〇年間を振り返る――昭和後半の三〇年間と比較して

司会　ありがとうございました。

今回の座談会におけるもう一つの視点として、平成の三〇年間をどう見るか、ということがあります。お配りした資料は、一つは、平成の三〇年間にどのような出来事があったかを、「国内」と「国際」、「政治・経済」そして「厚生労働行政関係」の四つの分野に分けて、一〇年間ごとにまとめたものです（表1）。もう一つは、その前の昭和後半期の三〇年間、ちょうど日本の高度経済成長期にあたる時代ですが、その三〇年間にどのような出来事があったかをまとめたものです（表2）。こちらも、平成時代と同様、四つの分野に分けて、一〇年間ごとにまとめました。

まず、平成については、最初の一〇年間には、ベルリンの壁の崩壊や天安門事件等の大きな政治的出来事もありましたし、日本においては、政治・経済については、消費税が導入され、厚生労働行政関係では、ゴールドプラン策定等がありました。

次の平成一〇年代では、国際的には、欧州統一通貨ユーロの流通開始や、アメリカでは同時多発テロが起きています。社会的には、携帯電話やインターネットの普及というコミュニケーションツール面での大きな変化が生じています。厚生労働行政関係を見ると、新しい社会保障制度として介護保険法が創設され、また、新エンゼルプランの策定やワーク・ライフ・バランスが提唱されるようになっています。

そして平成二〇年代を見ますと、痛ましい東日本大震災があり、政治的には政権交代がありました。厚生労働行政関係ですと、社会保障・税一体改革、リーマンショック後の雇用不安に対応するための新しい制度として、求職者支援法や生活困窮者自立支援法が制定されています。これが、非常に大ざっぱに捉えた平成の三〇年間です。

それに対して昭和後半期の三〇年間はどのような時代であったかというと、昭和三〇年代は、東京オリンピックがあり、東海道新幹線ができ、カラーテレビや洗濯機、冷蔵庫といった三種の神器が普及していった時代です。厚生労働行政関係で見ていくと、国

政治・経済	厚生労働行政関係	内　閣
消費税導入（3%）	ゴールドプラン（消費税導入に伴い、福祉施策拡充）	竹下／宇野／海部
総量規制開始	福祉関係8法改正（市町村への権限委譲）	海部
バブル崩壊	育児休業法制定（現・育児・介護休業法）	海部／宮澤
PKO（国連平和維持活動）協力法制定		宮澤
非自民・非共産の細川内閣発足（55年体制崩壊）／環境基本法制定	障害者基本法制定（心身障害者対策基本法改称）／パートタイム労働法制定	宮澤／細川
公職選挙法改正（平成8年衆議院議員総選挙で小選挙区比例代表並立制がとられる）	エンゼルプラン／新ゴールドプラン／21世紀福祉ビジョン（年金・医療・福祉の給付割合を5：3：2）／年金制度改正（定額部分65歳に段階的引き上げ）	細川／羽田／村山
円相場一時1ドル=79円75銭	障害者プラン／精神保健福祉法制定（精神保健法改称）	村山
金融ビッグバン／薬害エイズ事件和解		村山
消費増税（5%）／アイヌ文化振興法制定／北海道拓殖銀行破綻／山一證券破綻	介護保険法制定／臓器移植法制定（平成11年2月施行後初の脳死移植）／男女雇用機会均等法改正（各種処遇に男女差を付けることを禁止規定に）	橋本
金融監督庁（現・金融庁）発足		橋本／小渕
男女共同参画社会基本法制定／地方分権一括法制定（機関委任事務廃止）	新エンゼルプラン／ゴールドプラン21／年金制度改正（報酬比例部分を65歳に段階的引上げ）	小渕
大規模小売店舗法廃止／ストーカー規制法制定	介護保険法施行／社会福祉法制定（社会福祉事業法改称）	小渕／森
中央省庁再編（1府22省庁→1府12省庁）	待機児童ゼロ作戦	森／小泉
ペイオフ解禁（平成17年凍結全面解除）	新障害者プラン	小泉
個人情報保護法制定	少子化社会対策基本法制定／次世代育成支援対策推進法制定／労働者派遣法改正（大幅な規制緩和）	小泉
	子ども・子育て応援プラン／年金制度改正（保険料水準固定方式、マクロ経済スライドの導入等）	小泉
郵政解散で与党大勝（→郵政民営化法制定）	介護保険法改正（介護予防給付、地域密着型サービスの導入）／障害者自立支援法制定	小泉
教育基本法全面改正	自殺対策基本法制定／がん対策基本法制定	小泉／安倍
防衛省発足／年金記録問題	仕事と生活の調和（ワーク・ライフ・バランス）憲章	安倍／福田
リーマンショック	介護保険法改正（介護事業者への規制強化）／後期高齢者医療制度施行	福田／麻生
消費者庁発足／政権交代、民主党政権発足		麻生／鳩山
社会保険庁が廃止され、日本年金機構発足	障害者自立支援法改正（障害者福祉サービスが利用方式へ）	鳩山／菅
円相場一時1ドル=75円32銭	介護保険法改正（地域包括ケアシステムの実現）／求職者支援法制定	菅／野田
復興庁発足／自民党、政権奪還	社会保障・税一体改革関連法制定／子ども・子育て支援法制定	野田／安倍
アベノミクス（日銀による量的・質的金融緩和等）／特定秘密保護法制定	社会保障制度改革国民会議報告書／障害者総合支援法施行（障害者自立支援法改称）／生活困窮者自立支援法制定／子どもの貧困対策推進法制定	安倍
消費増税（8%）	介護保険法改正／過労死等防止対策推進法制定	安倍
公職選挙法改正（選挙権が18歳以上に引き下げ）／安全保障関連法制定		安倍
ニッポン一億総活躍プラン／日銀、マイナス金利政策実施		安倍
組織犯罪処罰法改正（共謀罪等）	介護保険法等改正（介護医療院の創設、地域共生型社会に向けた取組）	安倍

表1　平成30年間の主な出来事

西暦／和暦（平成）		国　内	国　際
1989年	元年	昭和天皇崩御、「平成」改元	天安門事件／ベルリンの壁崩壊／マルタ会談（冷戦終結）
1990年	2年	大学入試センター試験導入／平成元年の合計特殊出生率が過去最低の1.57人に（1.57ショック）	東西ドイツ統一
1991年	3年	雲仙・普賢岳大火砕流	湾岸戦争／ソ連崩壊
1992年	4年		
1993年	5年	Ｊリーグ開幕／皇太子ご成婚	第一回アフリカ開発会議／欧州連合（EU）誕生
1994年	6年	高齢化率が14％を超える（高齢社会）／関西国際空港開港	
1995年	7年	阪神・淡路大震災／地下鉄サリン事件／Windows95発売	世界貿易機関（WTO）設立
1996年	8年	Ｏ－157食中毒流行	在ペルー日本大使公邸占拠事件
1997年	9年	長野新幹線開業／老年人口が年少人口を上回る	英国、香港を中国に返還／アジア通貨危機／ASEAN＋3設立／京都議定書採択（05年発効）
1998年	10年	世帯携帯電話人口普及率が50％を超える／明石海峡大橋開通	長野オリンピック／世界人口60億人を突破
1999年	11年	東海村 JCO 臨界事故	
2000年	12年	世帯パソコン人口普及率が50％を超える	九州・沖縄サミット
2001年	13年	BSE 問題／世帯インターネット利用率が50％を超える／USJ 開園／附属池田小学校事件	米国同時多発テロ事件
2002年	14年	完全学校週5日制実施	EU で統一通貨ユーロ流通開始／FIFA ワールドカップ日韓大会／日朝首脳会談
2003年	15年	自殺者数過去最悪34,427人／SARS 流行	イラク戦争開戦
2004年	16年	新潟県中越地震／鳥インフルエンザ流行	日朝首脳会談（第二回）／スマトラ沖地震
2005年	17年	合計特殊出生率過去最低の1.26／JR 福知山線脱線事故／市町村合併ピーク（平成の大合併）	愛知万博
2006年	18年		
2007年	19年	夕張市、事実上の財政破綻／コムスン問題	
2008年	20年	東京・秋葉原無差別殺傷事件／年越し派遣村	中国、四川大地震／北海道洞爺湖サミット
2009年	21年	裁判員制度実施／新型インフルエンザ流行	米国、オバマ大統領就任
2010年	22年	小惑星探査機「はやぶさ」帰還／東北新幹線全線開通／口蹄疫流行	「アラブの春」の発端
2011年	23年	九州新幹線全線開通／東日本大震災・福島第一原発事故	世界人口70億人を突破／サッカー日本女子代表、W 杯初優勝
2012年	24年	東京スカイツリー開業／尖閣諸島国有化	北朝鮮、金正恩が最高指導者の地位継承
2013年	25年	富士山が世界文化遺産登録／世帯スマートフォン人口普及率が50％を超える	東京が2020年オリンピックの開催地に決定
2014年	26年	御嶽山噴火	
2015年	27年	マイナンバー制度導入／北陸新幹線開業	パリ同時多発テロ事件
2016年	28年	熊本地震／北海道新幹線開業／相模原障害者施設殺傷事件／出生数が100万人を割り込む	伊勢志摩サミット／英国、国民投票で「EU 離脱」
2017年	29年	天皇陛下の退位日が2019年4月30日に決定	米国、トランプ大統領就任

[redacted]

政治・経済	厚生労働行政関係	内　閣
神武景気／日本社会党左右両派統一・自由民主党結党（55年体制）		鳩山
経済白書「もはや戦後ではない」／売春防止法制定／気象庁発足	下請法制定	鳩山／石橋
		石橋／岸
岩戸景気	国民健康保険法制定	岸
	国民年金法制定／最低賃金法制定	岸
国民所得倍増計画	精神薄弱者福祉法制定（現・知的障害者福祉法）	岸／池田
農業基本法制定	国民皆保険・皆年金体制の確立／児童扶養手当法制定	池田
全国総合開発計画		池田
中小企業基本法制定	老人福祉法制定	池田
	特別児童扶養手当等法制定／母子福祉法制定（現・母子及び父子並びに寡婦福祉法）	池田／佐藤
いざなぎ景気	母子保健法制定	佐藤
黒い霧事件		佐藤
公害対策基本法制定／非核三原則表明		佐藤
国民総生産（GNP）世界第2位へ／消費者保護基本法	国民健康保険7割給付完全実施	佐藤
新全国総合開発計画		佐藤
	障害者基本法制定／家内労働法制定	佐藤
環境庁発足／スミソニアン協定（1ドル＝308円に切り下げ）	児童手当法制定／高年齢者雇用安定法制定	佐藤
日本列島改造論	勤労婦人福祉法制定（現・男女雇用機会均等法）／労働安全衛生法制定	佐藤／田中
為替レートの変動相場制移行／大規模小売店舗法制定	【福祉元年】改正老人福祉法施行（老人医療費無料化）／年金物価スライドの導入／健康保険の被扶養者の給付率の引き上げ等	田中
佐藤栄作元首相、ノーベル平和賞受賞	雇用保険法制定	田中／三木
		三木
ロッキード事件		三木／福田
		福田
		福田／大平
元号法制定／医師優遇税制見直し		大平
		大平／鈴木
		鈴木
臨時行政調査会基本答申(増税なき財政再建)	老人保健法制定（老人医療費無料化制度廃止）	鈴木／中曽根
		中曽根
	健康保険法改正（本人9割給付等）	中曽根
プラザ合意（円高不況）	医療法改正（医療計画策定開始）／年金制度改正（1986年より基礎年金導入）／男女雇用機会均等法制定（勤労婦人福祉法改称）／労働者派遣法制定	中曽根
バブル景気	高年齢者雇用安定法改正（60歳定年を努力義務に→1994年改正で60歳未満定年を禁止に）	中曽根
ブラックマンデー	社会福祉士及び介護福祉士法制定／労働基準法改正（週当たり労働時間を40時間とする）	中曽根／竹下
リクルート事件		竹下

表2　昭和30年〜昭和63年の主な出来事

西暦／和暦(昭和)		国　内	国　際
1955年	30年	砂川闘争／日本住宅公団設立	ワルシャワ条約機構結成
1956年	31年		日ソ共同宣言／日本、国連加盟
1957年	32年		国際原子力機関(IAEA)設立／ソ連、初の人工衛星「スプートニク」打ち上げ
1958年	33年	東京タワー竣工	日本、国連安全保障理事会の非常任理事国に初選出／第1回全アフリカ人民会議
1959年	34年	皇太子ご成婚／伊勢湾台風	
1960年	35年	カラーテレビ本放送開始	日米新安全保障条約(60年安保闘争)／チリ地震津波／アフリカの年
1961年	36年	世帯洗濯機・世帯白黒テレビ普及率が50%を超える	ソ連、初の有人宇宙飛行／世界人口30億人突破
1962年	37年	東京都、世界初1000万都市に(東京都推計)／首都高速道路初開通	キューバ危機
1963年	38年	名神高速道路初開通	米国、ケネディ大統領暗殺
1964年	39年	海外渡航自由化／東海道新幹線開業	日本、経済協力開発機構(OECD)加盟／東京オリンピック／ベトナム戦争激化
1965年	40年	世帯冷蔵庫普及率が50%を超える	日韓基本条約
1966年	41年	丙午の年(合計特殊出生率1.58)／ビートルズ来日	中国、文化大革命(以後約10年間)
1967年	42年	総人口1億人突破	東南アジア諸国連合(ASEAN)結成
1968年	43年	小笠原諸島返還／ポケベルサービス開始／三億円事件／カネミ油症事件／大学紛争	
1969年	44年		アポロ11号が人類初の月面着陸
1970年	45年	よど号ハイジャック事件／三島事件／高齢化率が7%を超える(高齢化社会)	大阪万博／核拡散防止条約発効／日米安全保障条約延長(70年安保闘争)
1971年	46年	団塊ジュニア世代(〜1974年)／全日空機衝突事故	ダボス会議設立
1972年	47年	世帯カラーテレビ普及率が50%を超える／あさま山荘事件／沖縄返還	札幌オリンピック／日中共同声明(日中国交正常化)
1973年	48年	関門橋開通	ベトナム和平協定(ベトナム戦争の終息化)／第一次オイルショック(→狂乱物価)
1974年	49年	三菱重工爆破事件	世界人口40億人突破
1975年	50年	合計特殊出生率が2.0を下回る／完全失業者100万人超／山陽新幹線全線開業	沖縄国際海洋博覧会／第1回先進国首脳会議／国際婦人年
1976年	51年		
1977年	52年	王貞治が第1回目の国民栄誉賞受賞	ダッカ日航機ハイジャック事件
1978年	53年	世帯乗用車普及率が50%を超える／新東京国際空港(現・成田国際空港)開港	日中平和友好条約
1979年	54年	大学共通一次試験導入	イラン革命／第二次オイルショック／スリーマイル島原発事故／東京サミット
1980年	55年		イラン・イラク戦争勃発／モスクワオリンピック集団ボイコット(日本不参加)
1981年	56年	死亡率でがんが死因順位第1位に(以後不動)	国際障害者年
1982年	57年	東北新幹線・上越新幹線開業	
1983年	58年	東京ディズニーランド開園	大韓航空機撃墜事件
1984年	59年		
1985年	60年	日本専売公社が民営化／日本電信電話公社が民営化／世帯エアコン普及率が50%を超える／日航機墜落事故	つくば科学万博
1986年	61年		ソ連、チェルノブイリ原発事故
1987年	62年	日本国有鉄道が民営化	世界人口50億人突破
1988年	63年	青函トンネル開通／瀬戸大橋開通	日米、牛肉・オレンジ自由化合意

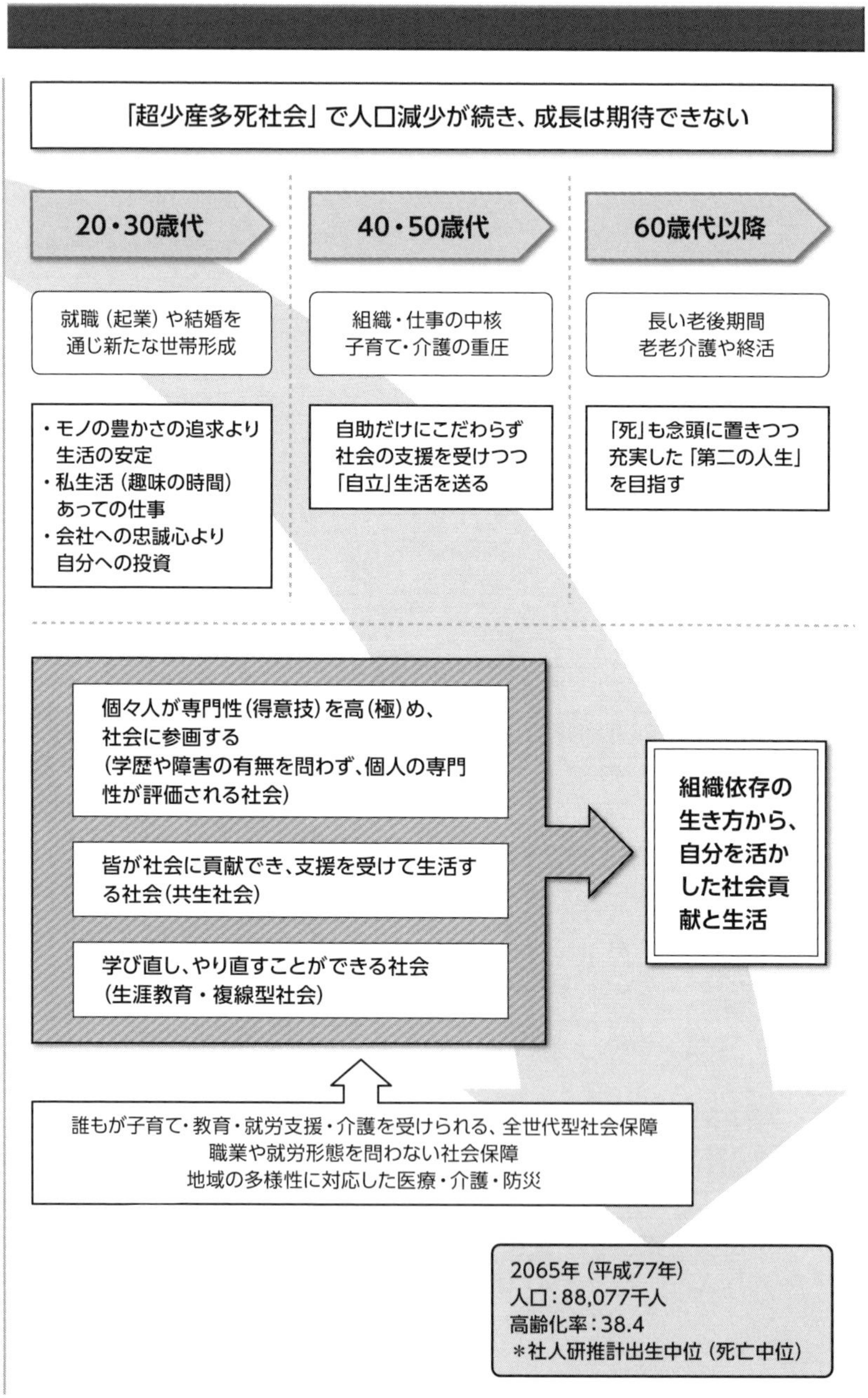
「超少産多死社会」で人口減少が続き、成長は期待できない
20・30歳代
40・50歳代
60歳代以降
就職（起業）や結婚を
通じ新たな世帯形成
組織・仕事の中核
子育て・介護の重圧
長い老後期間
老老介護や終活
・モノの豊かさの追求より
生活の安定
・私生活（趣味の時間）
あっての仕事
・会社への忠誠心より
自分への投資
自助だけにこだわらず
社会の支援を受けつつ
「自立」生活を送る
「死」も念頭に置きつつ
充実した「第二の人生」
を目指す
個々人が専門性（得意技）を高（極）め、
社会に参画する
（学歴や障害の有無を問わず、個人の専門
性が評価される社会）
皆が社会に貢献でき、支援を受けて生活す
る社会（共生社会）
学び直し、やり直すことができる社会
（生涯教育・複線型社会）
組織依存の
生き方から、
自分を活か
した社会貢
献と生活
誰もが子育て・教育・就労支援・介護を受けられる、全世代型社会保障
職業や就労形態を問わない社会保障
地域の多様性に対応した医療・介護・防災
2065年（平成77年）
人口：88,077千人
高齢化率：38.4
＊社人研推計出生中位（死亡中位）

表3　過渡期としてみる平成

高度経済成長・バブル経済による
上昇志向の形成

男性

・新卒至上主義　・終身雇用制
・年功序列制　・護送船団方式
⇒組織の一員として社会に認知され、仕事を生きがいとし（長時間労働を厭わない）、世帯を収入面で支える

男女の役割分担の固定化

女性

就職→結婚退職→専業主婦
⇒家事・子育ての大部分を引き受ける厚い専業主婦層の形成

形成された制度・価値観を背景とする、明確な人生モデルを基礎とした単線型社会

2015年（平成27年）
人口：127,095千人
出生率：1.45
高齢化率：26.6

経済の低迷（失われた○○年）
上昇はできないという諦念

・非正規社員の増加、終身雇用制の不安定化、大企業神話の瓦解
・所得格差の拡大
・未婚者の増加
・高齢貧困世帯の増加
⇒男女ともに生活の不安・不安定化

・インターネット社会の隆盛により、誰もが情報を発信し、迅速・容易にアクセスできる
・バーチャル（仮想の）体験が溢れ、実生活の多くを代替する

従来の制度・価値観と現実とのギャップにより、明確な人生モデルの揺らぎ

学校・大学等単線的な教育（落後者の再挑戦が難しい）

大都市部への過剰な人口移動

国民皆保険・皆年金体制確立

東京五輪

1973（昭和48）年
オイルショック
福祉元年

バブル景気

1.57ショック
福祉六法改正
ゴールドプラン
消費税導入

介護保険法成立

米国同時多発テロ

東日本大震災

リーマンショック

1960年（昭和35年）
人口：93,419千人
合計特殊出生率：2.00
高齢化率：5.7

平成（30年間）

民皆保険・皆年金という大きな仕組みが生まれます。

昭和四〇年代は、前半期は経済成長が続いた時代で、昭和四五年には大阪万博が開催されましたが、四八年のオイルショックにより、経済動向は一変しました。厚生労働行政関係も、四八年の福祉元年までは充実を続けてきましたが、それから後は非常に厳しい時代に入っていきました。

そして昭和五〇年代を見ていきますと、経済が低成長期に入った時代であり、第二臨調による「増税なき財政再建」のスローガンの下での行政改革が進みました。厚生労働行政関係においては、老人保健法が制定され、老人医療に患者一部負担が導入されたり、健康保険法が改正されて被用者本人も従来の一〇割給付・定額負担から一割負担になっていく。

最後の六〇年代だと、先ほどの行政改革の成果として国鉄等の三公社の民営化が行われ、厚生労働行政関係では医療法改正による医療計画の導入や男女雇用機会均等法の制定、労働基準法改正による四〇時間労働制の導入等がありました。

このように、出来事を表として整理した上で、これをもとに時代の動向として整理したものが表3です。この表の左半分をご覧下さい。このうちの左側が昭和の後半期、右

参考9　世帯主の年齢別・就業状況別　等価可処分所得（2014年）

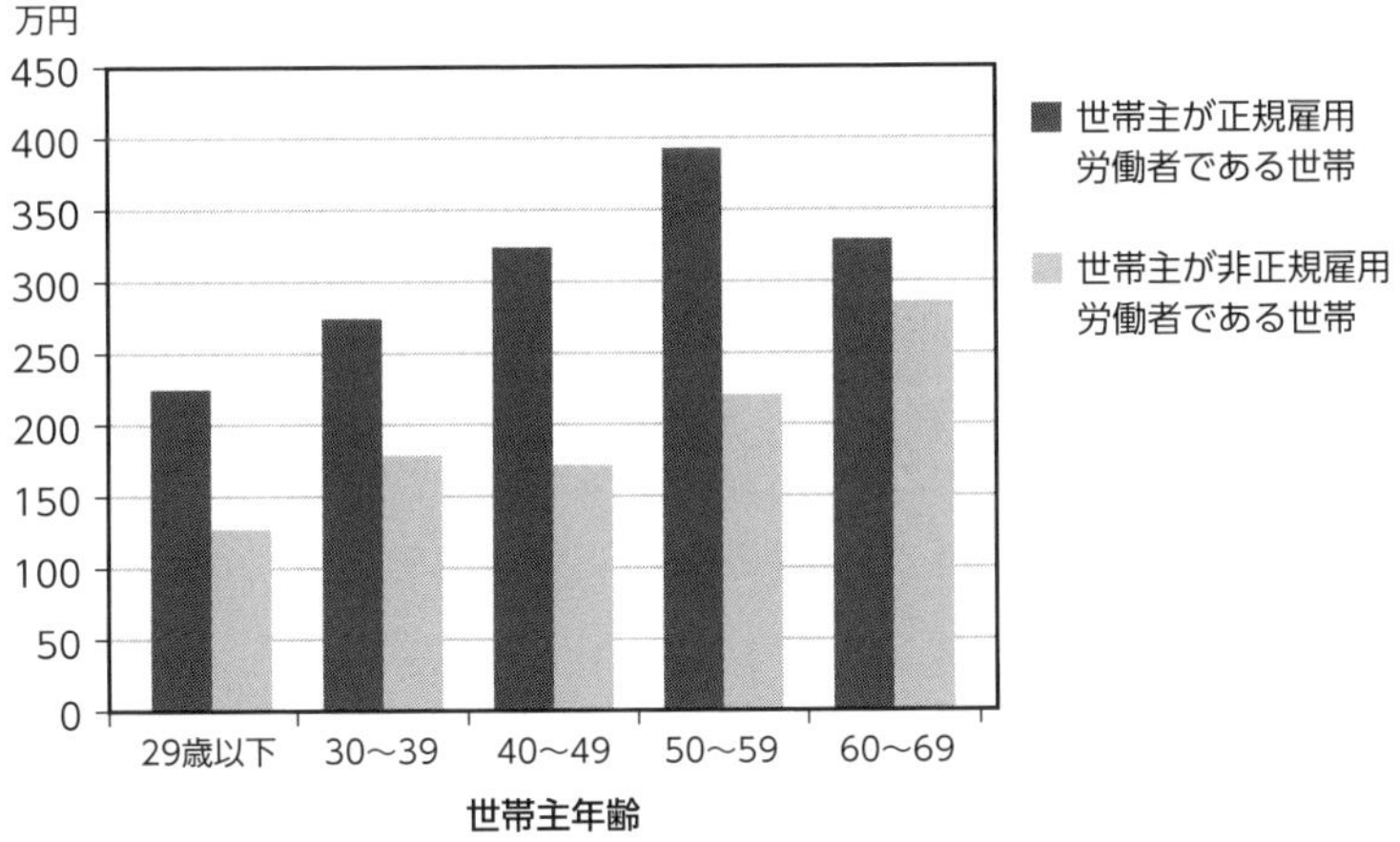

資料　厚生労働省「家計所得の分析に関する報告書」（平成29年3月）

側が平成の時期です。右半分は今後の時代であり、これについては後ほど議論していただきます。

これを見ていただくと、先ほど宮本先生からお話がございましたけれども、昭和の後半期は、雇用は終身雇用制で年功序列制。また、男女の役割分担が固定化され、男は仕事、女は家庭で家事と子育てという時代。その中で人生モデルも明確であり単線的でした。

これに対して平成の時代は、経済状況が厳しくなってきた中で、非正規社員の増加や所得格差の拡大などの問題もあって、生活の安定がなかなか見込めなくなってきた。さらに、インターネット社会が発達して、個人でもいろいろな情報発信ができるようになり、また、バーチャルの世界、仮想体験の世界も出てきたことから、従来のフェイス・ツー・フェイスの関係とは違った形のコミュニケーションが出てくるようになりました。

そうした中で、右肩上がりの世代に形成された社会保障制度が対応できなくなり、苦しみながら制度改正に取り組んできた時代と言えるのではないかと思います。

こうしたことから、平成の時代について、昭和の時代から来るべき時代への「過渡期」であると言えるのではないかと考えてみました。果たしてこの言葉が適切な言葉なのかどうか、こうした整理についてコメントをいただければありがたいと思います。

厳しい財政状況の中で、社会保障制度改革が進められた「平成の三〇年間」

宮本 こうやって改めて見ると、昭和の時代というのは先ほど来申し上げてきた二分法の仕組みがつくられてきたプロセスなのだなと思います。逆に言えば、この二分法の支える・支えられるという仕組みは、日本社会の宿命でもなければ、これからも続くものでもありません。実はこういう形態ができたのは、男性稼ぎ主を支える仕組みが、この昭和の時代につくられてきたからなのです。例えば、株式の相互持ち合い、護送船団方式（最も競争力のない企業も含め、業界全体が存続していけるよう、行政当局が指導していく方式）で業界ぐるみで会社を守る。中小企業もその下請けの制度で、これは親会社にいじめられる面もありましたけれども、経営が厳しくなると親会社に救われるという面もありました。また、中小企業に対しては国の有利な融資制度や、流通業で言えば大規模小売店舗立地法や公共事業で保護され、男性稼ぎ主の雇用が確保される仕組みができてきたプロセスもあるのです。

このような、現役世代が目いっぱい働ける条件を広げていくという仕組みは、なかなかおもしろい面もあります。例えば公共事業については、政治による利益誘導などと悪い面ばかり言われているのですが、そこには今で言えば就労準備支援事業のような面があった。地域でワルをやっていた子が、学校の先生の言うことは信頼できないけれども、先輩が地域の工務店でとび職で頑張っているのがかっこいいので、それをロールモデルにして働き始めるとか、商店街では、発達障害の子がお店の店番で地域とつながっていくという、中間的就労の機能があったのです。その場合、社会保障は、本当に働けない人たちのための制度であり、働けない人たちを選別して保障していくという形になって

いったと思います。その意味で、昭和時代というのは非常にユニークな生活保障の仕組みをつくってきたのですけれども、その後の人口動態を考えると、それはあまりに脆弱な仕組みであったと言わざるを得ないのです。

そして**平成の三〇年というのは、旧来の社会保障を何とかしなければいけないという積み重ねの三〇年だった**と思います。それと同時に、村木先生はその取り組みの中心におられたので、私などが言うのはおこがましいのですけれども、それに対する制約が、財政的な面でも、中間層がだんだん解体していくという社会構造の面でも、非常にはっきりしてきた三〇年間だったのではないかと思うのです。と言いますのも、一九八九年、つまり平成元年は、言うまでもなく消費増税があった年です。そして自民党が選挙で負けた年。日本では、税金は「取られる」という考え方なので、増税したら政治的にはアウトなのです。当時の橋本龍太郎大蔵大臣がいろいろ走り回って、これは税の使い道をはっきりアピールするためにもやらなければいけないことがたくさんあるとして、この年、ゴールドプランがつくられ、その後にエンゼルプラン等が次々に出てきたわけです。

その先に介護保険制度というものが浮上してくるわけなのですけれども、この介護保険制度というのは初めて自立支援という考え方を打ち出しました。この介護保険における「自立支援」とは、最近創設された生活困窮者自立支援制度のように現役世代の自立支援ではなく、高齢者の生活自立の支援ですけれども、弱者保護をするという福祉観ではなく、みんなに元気になってもらおうという福祉観が出てきた。同時に、制度としても、これまでの措置制度ではなくて「準市場」、つまり公的な財源で様々な主体がサービスを提供していく制度であり、そのサービスを提供する対象は、いわゆる低所得層だけでなく、中間層も含めた幅広い市民とされました。つまり、介護保険を手始めに、自立支援、準市場、普遍主義という三つの要素で貫かれた新しい制度づくりが着手されたわけです。

「準市場」とは、個人が自らの資金でサービスを購入するといった、民間市場での取り引きではなく、税や社会保険料等の公的な財源によって介護等のサービスが提供されるのですが、サービスの提供者は、行政や社会福祉法人だけでなく、NPO法人や民間企業等様々な事業者が競ってサービスを提供することにより、サービスの提供量を確保するとともに、サービスの質を向上させようとする仕組みです。

一方、「普遍主義」とは、公的なサービスや手当を、低所得者等の限定された階層だけに提供するのでなく、介護や子育てサービス等のニーズを持った者には、その所得の多寡に関係なく、サービスの提供や手当の支給を行う制度の仕組みです。

ところが、非常に逆説的に聞こえてしまうのですけれども、普遍主義というのは北欧などで取り組まれたやり方です。この仕組みは、中間層もサービスの提供対象にしていくので、中間層にとっては、社会保障が自分の税金で違う人を助けているのではなく、自分たち自身が支えられるということで、納税の納得感が出てくる仕組みなのですが、サービス提供の対象者の範囲が広いので、お金がかかるのです。そもそもはお金がないから増税しようとしたときに、増税の正当性をつくるために何かやらなければいけないので介護保険を導入することになった。ところが、この介護保険にはお金がかかる、という非常に逆説に満ちた構造の中で取り組まれたわけです。

本来、ある程度の財源があったならば、それにより介護保険制度を導入して、中間層にも介護サービスが提供され、中間層も納得する。その上で第二の財源としての税金が投入され、それが中間層含めて現役世代の生活をも支えていくという好循環が回っていったはずなのです。

ところが、皮肉なことに、一九八九（平成元）年のスタートラインというのは、増税なき財政再建路線が挫折して、やはり増税しなければならないということで始まったという非常に厳しい制約がありました。同時に、対象にする中間層についても、一九八九年を経て一九九〇年代半ばあたりから、格差社会や雇用の非正規化ということが問題になり始め、中間層の解体が始まるという中で、普遍主義的な改革が取り組まれていったのです。

一九八九年にスタートしたゴールドプランなどを足場にした介護保険が二〇〇〇（平成一二）年に施行され、そして二〇〇六（平成一八）年には、村木先生が奮闘された障害者自立支援法、これは障害者のサイドからは一割という定率負担の導入に対して批判が起きたわけですが、制度の設計自体はそれまでの障害者制度の大転換であって、やはり、公的財源で様々な者が福祉サービスを提供する準市場的な制度を普遍主義的にやろうという取り組みが実施されました。

しかし、この制度については、そもそも、その前身である「支援費制度」が二〇〇三

（平成一五）年に始まった段階から財源が不足していると言われていました。そこで、サービスの利用者に対して定率負担を導入して障害者自立支援法を制定したのですが、その利用者、負担者の中間層はどんどん解体していくという逆説的な状況がさらに深まっていった、さらにこれが二〇一二（平成二四）年に改正され、障害者総合支援法になっていきます。

また、二〇一二年には子ども・子育て支援法が制定されました。子どもへの福祉サービスの提供については、随分前から措置制度から距離を置いた仕組みに変わってきていたのですが、この子ども・子育て支援法に基づき、準市場的な制度が前面に出ました。

こうして、この間の改革の積み重ねを大きく見てみると、先ほどの二つの逆説、財源がどんどんなくなる中で普遍主義的な改革をやろう、中間層が解体していく中で中間層向けの改革をやろう、そうした逆説の中で進んだのです。平成の三〇年間における福祉改革の取り組みは、こうした矛盾にずっと縛られ、苦しめられてきたということが言えるのではないかと思っています。

財政的に見ても、例えば一九九七（平成九）年には、国と自治体の長期債務はGDP比で九四%だったのですが、二〇一三（平成二五）年には二〇二%になっているのです。

参考10　貧困率の推移

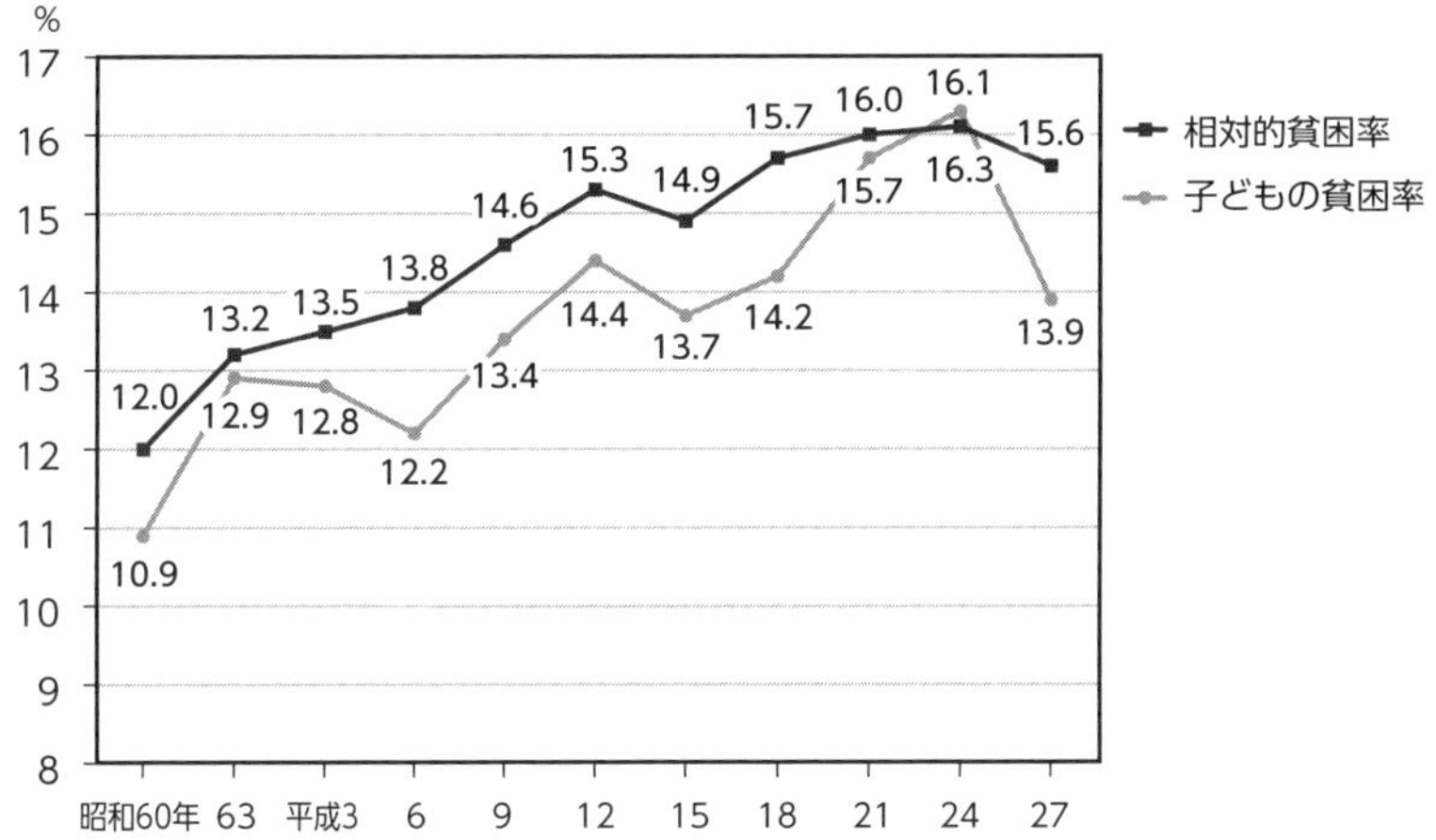

資料　厚生労働省「平成28年国民生活基礎調査」

まさにお金のかかる改革を積み重ねていく中で、財政的な縛りがどんどん厳しくなるという状況です。それから、中間層についても、一九九四（平成六）年には相対的貧困率は一三・八％だったのが、二〇一二（平成二四）年には一六・一％に増加しており、階層の分化も厳しくなっていきました。

長くなりましたので一言でまとめると、**平成の三〇年間は、二分法から脱却していくための改革が追求された一方で、その改革を困難にする構造的な制約も厳しくなっていった三〇年間だった**と言えるのではないかと思います。

《日本の福祉制度の変遷について》

第二次世界大戦後の日本の福祉制度においては、低所得者世帯で家族による介護を受けることができない者については、国の責任で老人ホーム等の福祉施設に収容することとされていました。これを「措置制度」といいます。これだけを見るとすばらしい制度のように思えますが、実際は、福祉施設の設置運営が社会福祉法人等に限定されており、量的に不足していたため、福祉施設への入所を希望しても認められないケースが多い状態でした。また、福祉施設への入所は個人の権利として認められていなかったため、訴えても認められませんでした。その後、在宅福祉サービスが普及していきましたが、この仕組みは変わりませんでした。当時、日本は高齢化が進んでいたので、このままでは、増加する高齢者に公的な介護サービスを適切に提供することができず、家族に高齢者介護がしわ寄せされる状況になっていました。

こうした事態に対応するために、誰でも高齢者になり、要介護になるリスクを持つという理由で、高齢者介護に社会保険制度が導入されました。この介護保険制度は、四〇歳以上の者が支払う介護保険料という新たな財源を得るとともに、高齢者が権利として市町村に要介護状態であることの認定を求め、要介護高齢者と認定されれば介護サービスを受ける権利を得ることができる制度とされました。社会福祉法人以外の民間事業者も介護サービスを提供できることとなり、二〇〇〇（平成一二）年に実施されました。

その後、障害者福祉についても、身体障害者および知的障害者については、権利として障害福祉サービスを受けることができる「支援費制度」が二〇〇三（平成十五）年度から実施されましたが、この制度は、福祉サービスの受給が権利として認められたことに伴うサービス需要の増加に対応する財源が不足していたこと等から、見直しが行われ、二〇〇六（平成一八）年には、精神障害者についても対象とする、障害者自立支援法が制定されました。

しかし、この障害者自立支援法は、介護保険法と同様、受給負担を一割の定率としたこと等が批判され、民主党政権の成立等を契機として見直しが行われ、二〇一二（平成二四）年の改正で障害者総合支援法に変わりました。

さらに、保育等の子育て支援については、従来の措置制度から徐々に制度の修正が行われましたが、最終的に、介護保険制度や障害者総合支援制度のような利用制度に転換したのは、二〇一五（平成二七）年に実施された子ども・子育て支援制度の導入によるものでした。

もらいたいけれど払いたくない国民と、配りたいけれど集めたくない政治家

司会　ありがとうございました。

村木先生は、まさにこうした改革の取り組みを実際に担当されてきた立場から、ただいまの宮本先生の整理に対して、コメントをお願いいたします。

村木　もともと日本の社会保障はある意味の矛盾を含んでいます。少し乱暴な言い方ですが、税金の機能を所得の再分配だと考えれば、税金をたくさん取れば、貧しい人々は、税金を取られる側というより、税金を財源とする給付をもらう側です。ところが、貧し

い人々も増税には反対しています。本当はおかしいのですけれども、やはり日本では税金は取られるものという観念があるため、なかなか大きな政府になりにくいのです。税金の使いみちを自分たちで決められるという実感がないということもあるのでしょう。一方、政治家の方も増税すると反発されるということを怖がり過ぎているのかもしれません。そして、増税の代わりに借金で財源を調達してしまったのです。

借金をしないで対応していれば、税金を多く取られればその分が多く給付に回る姿がもっと見えたのでしょうけれども、借金で対応してしまったため、これから増税しようとしても、増税分が借金を返済するために使われてしまうので、増税されても制度がよくならないというふうに見えてしまっています。そのため、取られる税は社会保障の給付につながっているということがなかなか理解されず、増税はさらに難しくなっています。

そんな中でも、子育て支援は消費増税による新たな財源が加わったこと、障害者支援はもともと対象者が少ない制度であったので何とか財源を確保できたこと、そして介護保険は保険料という新しい財源を獲得できたことで、ぎりぎり制度として成立しましたが、それは片側で増税や新たな保険制度の創設といった要素があったから何とか成り立ったただけで、いずれの制度も、これから先は苦しい状況にあると思われます。医療にしても介護にしても子育て支援にしても、これから本当の勝負というところですが、これまでは、まさに宮本先生がおっしゃったように、格闘してきた三〇年だったと思います。

宮本　その格闘の中で、政治の責任として履行されなければいけなかったのは、きちんと税金や保険料を取って、きちんと給付として返すということでしたが、これがなされてこなかった、逃げられてきたということは否めないと思います。村木先生がおっしゃったように、例えば介護保険を例に取ると、老人問題というのは大きな問題であったので、当時の大蔵省からすればこれは増税のチャンスであったのです。ところが、この問題を社会保険で対応してしまうとなると、あまり増税とは言えなくなる。そこで、厚生省が社会保険でやると言うタイミングと、大蔵省が増税を打ち出すタイミングをお互い見ながら、あうんの呼吸で政治過程を進めるということもありました。結果的に、高齢者介護はみんなに降りかかるし、長く続く問題だからという理由で社会保険化が可能だったために、何とか財源が確保できました。

ところが、障害者支援と子育て支援については、なかなか全ての人に関係する持続的問題とは言えません。子育ての場合は、子どもが六歳になるまで頑張れば山を越えるというところがあり、また嫌なら子どもをつくらなければいいじゃないかと言われたりするのです。そのため、社会保険化はなかなか難しく、では増税かというと、二〇一四（平成二六）年に消費税が五％から八％に引き上げられるまで一度も純粋な増税はなかったのです。それまでは、増税単独ではなく、全て、法人税や所得税の減税との抱き合わせでやってきたという経緯があるのです。

この国は、世界で一番高齢化が進んでいて、税金の負担率もようやくアメリカを少し超えた程度で先進国の中では極めて税負担率が低い、そして国と地方の長期債務は先ほど申し上げたように飛び抜けて多い額になっています。そんな国で増税というチャレンジが回避され続けてきてしまったことについては、政治がまず反省しなければならず、また納税者自身も税金観を転換していく必要があるようにと思います。

司会 日本は、なぜここまで増税に対して拒否反応が強いのでしょうか。

宮本 そこは悪循環なのです。日本の社会保障支出の対ＧＤＰ比は最近でこそヨーロッパ並み水準ですが、長い間低迷していました。公教育支出の対ＧＤＰ比は、ＯＥＣＤ諸国中下から二番目なのです。どうしてこんなに低いのかということを考えたときに、規範

参考11　国民負担率（対国民所得比）の国際比較

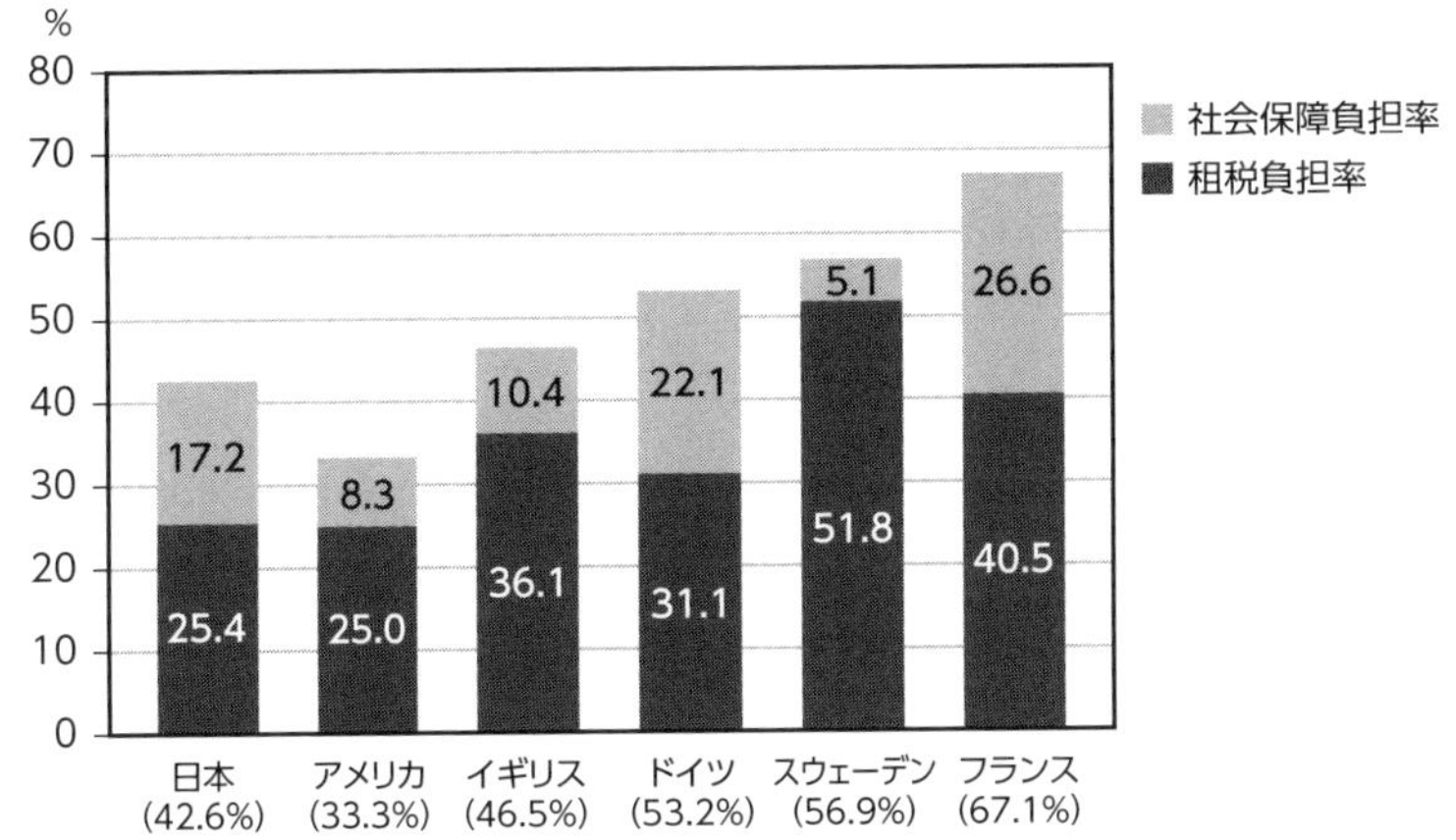

資料　財務省
注　　日本は平成27年度(2015年度)実績。諸外国は2015年実績。

として家族のケアと教育は自己責任だということが過度に打ち出されたことがあるのですが、合わせて会社の福利厚生が公的な社会保障を代替し、また会社が学校になってくれたところがあるのです。だから高等教育にあまりお金が回っていかなくても、社会の中で役立つ知識や技能といったものは基本的に会社の中で学ぶことができたのです。**日本の働き方が、ジョブ型ではなく、メンバーシップ型**ですので、むしろ会社の中でいろいろな配置転換をしながら育てていくという方が適していた。

日本では、正社員は、一般に職務や勤務地を限定しない形態で雇用されています。そのため、企業や社員が必要と判断した場合は、通常担当していない仕事でも、みんなで協力し合って仕事を進めます。こうした雇用形態は、「メンバーシップ型雇用」と呼ばれます。日本では、従来の年功序列や終身雇用と合わせて、こうした雇用形態が一般に広まりました。
これに対して、自分自身の専門的能力を生かして、職務や勤務場所を限定して雇用される雇用形態が「ジョブ型雇用」です。ジョブ型雇用の場合、その者の仕事は他人が代わって行うことはできず、また、企業は、その社員にほかの仕事を命ずることはできません。

社会保障については、家族のケアも、人口構造が全く違っていたということもありますが、家族賃金という形で、ケアにかかる経費がお父さんの賃金に上乗せされる形がとられ、国は前面に出てこなかったのです。

そうした中で、国民にとってみれば、税金とはショバ代みたいなものという認識になってしまって、会費として出さなければいけないけれども、だからといって何かしてもらえるものではない、その割に会費としては高いのではないのとみんな思ってしまっている。そうこうしているうちに、教育でも福祉でも国に代替していた会社がその力を失っていってしまったのです。気がつくと、会社という支えがなくなって、支える側をひそかに支えていた仕組みも消えてしまった。では税金はというと、そこは相変わらず取られるだけのもの、払いたくないと国民は思っている。こうした状況に対して政治が会社に代わる制度を導入し、納税者の負担とその見返りについて合意を得ていかなければならなかったと思うのですけれども、それは政治家にとってあまりにリスキーであったため、結果的に変化に対応できないまま今日に至っているということになると思います。

司会　ありがとうございます。金子先生、いかがでしょうか。

金子　全くおっしゃる通りで、一言で言えば究極の先延ばし体質なのではないかと思います。いつか破綻する「ツケ」を、そっと後に回し続けている。

村木　私はよく講演に行ったときに言っているのですけれども、結局、借金で対応できるということにしてしまうと、**もらいたいけれど払いたくない国民と、配りたいけれど集めたくない政治家の組み合わせ**になってしまうのです。借金ができるからそれが両方可能なわけです。両方にとって楽なやり方なので、ツケを後に回していくのです。でも、やはりこれではいけません。どこかでもう一度きちんとした規律をつくり、何に使われているかというのが見える形、それを国民が知る仕組みをつくっていくしかないのだと思います。言うはやすしでなかなか難しいことではありますが。

宮本　先日、毎日新聞から、世論調査の結果について感想を聞かれたのですが、消費税を社会保障に使うならば税負担もやむなしという人が六〇％近くまだいるのです。しかし、消費増税に賛成か反対かと言われると、反対論が多い。要するに、税金は取られるだけで自分たちには返ってこないという考え方が前提になっているのですね。現状を見る限り、こうした考え方は全くの誤解ではない分、やっかいです。

金子　国民の側としては、正当な負担なら引き受ける覚悟はあるが、だまされるのは嫌だという心理だと思います。北欧などで二〇％を超える消費税が可能なのは、国民の社会や政府に対する信頼感が違うのだと思います。結局、肝心なところで、政府がどのくらい信頼できるかが鍵になってくる。社会が信頼に根ざした協調解により最善の道を行けるか、疑心暗鬼による裏切解の選択でチャンスを失うかによって、存続できる社会とそうでない社会が分岐してくるのではないでしょうか。

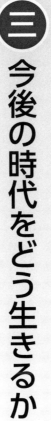

三　今後の時代をどう生きるか

世代ごとに考える

司会　それでは、最後のテーマです。先ほどの表3の右側は、今後のわが国の社会についてです。今までいただいたお話は、社会の仕組みや社会保障制度の考え方に関するお話が中心でしたが、実は、今回、対談をお願いした契機として、今後の社会でわれわれ自身がどうやって生きていったらいいのか、そのヒントを教えていただければ、ということがありました。これまでのお話の中でもありましたが、今後、私たちが九〇年、一〇〇年生きていくということになると、六〇歳以降の期間が三〇年、四〇年ということになり、とても「老後」などと言うことはできなくなります。昔のように二二歳で会社に入って、六〇歳まで仕事をして、引退したら数年で亡くなるという時代ではなくなります。そうなると、一つの組織にずっと所属するということが前提ではなくなってきます。そのような中でわれわれはどう生きていくのだろうか、ということです。

表3では、二〇・三〇歳代、四〇・五〇歳代、そして六〇歳代以降と、世代を三つに分けて考えてみました。当協会の中で、若い職員とこの本の企画について話した際に、三〇年前には、二四時間仕事をしていても充実していた時代があったと言いましたら、若い職員からは、とても信じられないという言葉が返ってきました。自分たちは当然趣味のことをしたい。例えば仕事が終わった後、上司とばかり付き合ってはいられない。デートもしたい。そういう時間があってこその人生ですよと言われました。

私のような昭和三〇年代生まれの人間は、貧しい時代から豊かになっていく時代に育ったので、どうしても豊かさを追求するのですが、今の若い人はあまりそんな発想をせず、自分自身が趣味の時間を持ってやっていく中で仕事もきちんとこなしていくという発想になる。これが二〇・三〇歳代です。

次の四〇・五〇歳代。この世代の人々は、まさに組織の中核、社会の中核として日本を支えていらっしゃるのですが、これは私の個人的な見方なのかもしれないのですが、こういう方々はすごく頑張っていらっしゃるのですけれども、お上の世話になるのは自分の敗北であるという意識があって、そうならないよう頑張る。そのため、老親の介護をしながら子育てをして、非常に頑張って頑張って、頑張り過ぎて疲れてしまうようなところがあるのではないか。そうした意識を少し持ち過ぎるのではないかと思っています。公的なサービスも地域の支援も、使えるものは使うことにより支えられる。他方で、自分も場合によっては人を支えていく。そうした支える部分も支えられる部分もある状態で生きていくのが普通であり、「自立」なのではないか、と思うのです。お上の世話にならないのが自立だという意識がまだ日本の人々は持ち過ぎていて、そういうところから脱却して生活をしていくのがいいのではないか、ということです。

六〇歳代は、六〇歳以降の生活をどうやって生きていくか。例えばこれまでの仕事で身につけた専門性を生かして別の職場にいくのもいいですし、六〇歳過ぎてから勉強して新しい専門性を身につけて、それを生かして新しい仕事に就く方もでてくるでしょう。そういう形でどうやって六〇歳以降の人生を生き、その後に自分の人生の最期をどうやって過ごしていくかを考えていくことなっていくのではないか、と考えました。

そうしたときに、自分はこれだったらできるという専門性、会社を離れてしまったら使い物にならないような能力ではなくて、どこに行ってもこれはできるというものを身につけて、人生の局面に応じてそれを生かしていくということになるのではないか。そのような意味では、単線型ではなくて、就職してからも勉強することになります。

以前私自身が大学院で教えていたのですが、社会人学生がかなり多いですし、しかも若い学生よりはるかに勉強する。社会人でない学生はあまり質問してこないのですが、社会人学生はよく勉強し、質問も鋭いです。はるかに意欲があります。そのような単線型でない世界で生きていく心構えがあるのかなという印象があります。これについてまた皆様からご意見をいただいて、個人がどう生きていったらいいのかということについてコメントをいただければと思います。

●人によって違った働き方を認め、フェアに評価する

村木　先ほどの平成をどう見るかという話ともつながってくると思うのですが、高度経済成長の時代は、職場と家庭が物理的に分かれるプロセスで、それによって女性が家庭を守って、男性が外で働くという分業が確立し、それがとてもうまくいった時代だと思うのです。

ところが、だんだん家庭の仕事と社会に出て活躍する仕事の重みとかボリューム、価値や評価が不均衡になってきて、その不均衡を是正するために男女雇用機会均等法が出てきた。男女雇用機会均等法というのは、女性も男性と同じように社会活躍できるようにつくられたものですが、実際には育児が女性だけになっている現状では実質的な平等は実現しようがなかった。そこで、育児介護休業法が数年後に出てくる。これは女性も男性も家庭責任があり、それをきちんとサポートすることで男女がともに活躍できるようにしましょうという考え方でつくられているのです。

ところが、平成の時代で起きたのは、メンバーシップ型から漏れた労働者が非正規化したことによる、非正規問題の顕在化です。主婦パートや六〇歳代以降の高齢者の非正規労働者については、本人が望んでいる場合もある。しかし、「メンバーシップ」の枠が小さくなる中で「非自発的」な非正規労働者も多く出てきました。この非正規労働者への対応については、当初は、みんなメンバーに入れよう、すなわち正社員化の推進という方向で政策を行っていたのです。それは、正規非正規の労働条件の格差が大きい中で、日本の労働市場での労働の流動化が進まないので、企業を移ってスキルアップしていくというルートが想定しにくく、早くメンバーシップの中に入れないと、労働条件は改善しないというふうに思っていたのです。

ところが、女性がメンバーに入ってくると、育児や介護を抱える労働者も働き続けられるようにする必要がある、高齢者については若いときと同じ働き方はできないということになり、「一億総活躍」を目指せば働き方も多様になっていかざるを得なくなるのです。今まではみんな同じように働いて、男性でも女性でも同じように仕事ができていたら平等に評価されるということを政策担当者は念頭に置いていたのです。ところが、これからは、人によってそれぞれ違った働き方をする。それに対してフェアに評価されるという方向に行かなければいけない。しかし、それまでの年齢輪切りのメンバーシップ型企業組織がかつては非常にうまくいったので、**そこからうまく自立したキャリア設計という、一人一人が自分のキャリアをつくっていくというふうに軸を変えられない。**

その模索の時代が平成だったと思っているのです。

実は萌芽はちゃんとあって、一九九三（平成五）年に制定されたパートタイム労働法、これは実は非常に大事な法律で、いわゆるフルタイムとパートタイム労働者の間に「均等」や「均衡」という考え方を持ち込んだのです。現在、同一労働同一賃金はこの法律の改正等で対応しようとしています。そうした萌芽はあったけれども、なかなかみんな勇気がない。みんなメンバーシップにという考え方から、平成の後の時代に日本が多様な労働を認めていく方向に本当にかじを切ることができるのか。切らざるを得ないのだろうとは思っているのですが、そのようにできるかどうかということです。要するに、正規がよくて非正規がだめだからみんな正規にしようとするのでなく、非正規で働いても全く不利がないようにするという方向に本当にできるかということだと思うのです。

何十年も職業生活が続き、八〇歳でも働いていると考えたら、何回も自分のキャリアを途中でつくり直していくというプロセスに入っていくのだろうと思うのです。私は、年齢が影響するのは、全く白地で基礎的な知識を身につける一八歳や二〇歳ぐらいまでの時期と、身体的に適齢期のある妊娠・出産の時期、それから本当に体力が落ちる時期、この三つの時期については年齢の影響があると思うのですが、そのほかの時期は、あまり年齢で切らなくてもよくなるのではないか思っています。また、個人差も大きいと思います。

人生一〇〇年時代に関して、リンダ・グラットンが「ライフシフト　一〇〇年時代の人生戦略」でこれからのキャリアのつくり方を書いていますけれども、その原型になったのではないかと思うのですが、ダグラス・ホールの考え方などをもとに、二神枝保先生が「キャリア・マネジメントの未来図」という本の中で、**人生で何回も新しいことを探索して、新しい職業、知識を確立し、円熟していき、それでひと通りやったなと思うとまた探索を始めるというグラフを提示**しています(*)。これは非常におもしろくて、これからのキャリア形成の発想を変えて、探索、トライアル、確立、熟達、次また探索と、何段ものキャリア形成の階段を上っていく、そういう発想でそれを社会が支援していく形にしたらとてもおもしろいのではないか、次はそういう時代になるのかなと思っています。

*二神枝保・村木厚子編著「キャリア・マネジメントの未来図─ダイバーシティとインクルージョンの視点からの展望─」(二〇一七年一〇月、八千代出版)

時期に応じた働き方のギアチェンジが認められる社会に

司会　ありがとうございます。

ここで、少し違った視点からの質問をさせてください。当協会の子育て真最中の職員から、村木先生への質問です。

金子先生のお話では全員参加社会という理念が出ています。そこで女性が活用されるかというのが非常に大きな課題だと思います。昭和の時代に比べると女性が働きやすい制度が整ってきた中で、それでもさらに活躍できる本当の社会にするためには何が必要で、何が足りないのでしょうか。行政から見た意見もあるでしょうし、実際に二人のお子さんを育てながら仕事を続けてこられた女性としての意見が聞けたらうれしいです、というのが第一点です。

もう一点が、男女雇用機会均等法や待機児童対策などに取り組まれてこられましたが、行政というより一人の女性として、現在、子育てと仕事の両立に悩んでいる方や、これから社会に飛び立つ方に何かメッセージをいただければありがたい、ということです。

村木　おそらく、働き方は変わってくると思いますし、今はチャンスだと思っています。

若い人たちは、男性も家庭生活を大事にしたいという意向が強くなっているので、男女で家族をつくって、家庭責任も分担をして働くという方向に進んでいくということがとても大事だと思います。働き方改革において、家庭生活とバランスのとれた働き方が進んでくると思いますし、そのことを進めていかないと、日本の少子化の問題は絶対に改善しないと思います。その際、保育所の整備は、必要最低限のこととして社会保障の中でまず確保していくことはもちろんですが、全世代の人たちが、若い世代や子どもを守ることは自分たちの老後を守ることだと認識することが大事だろうと思っています。

また、いろいろな働き方をして、それがフェアに扱われることが大事です。みんな同じ働き方は無理であり、人生のある時期は八〇%ぐらいのスピード、ある時期は一〇〇%のスピードというように、いろいろな時期に応じて時々ギアチェンジを行うことが認められる社会になっていけばいいと思います。

今すごく苦労している方たちに対して言うとすれば、その時その時の一〇〇%でいいということです。育児を抱えているとか、介護を抱えている、あるいは自分が病気になったときなどは、フルスロットルではできないわけです。そのときに大事なのは、そのときなりの一〇〇%を尽くし、諦めないことです。そうすると、おそらく、今では六五歳まで働くようになり、いずれは七〇歳、あるいはもっと長く働くようになると、途中の段階のでこぼこは関係なくなり、みんなちゃんと同じようなところに行き着けるのではないかと思います。逆に、止まらないことが大事で、諦めずに進んでいると、長い職業生活なので振り返ったらこんなところまでたどり着くことができたということに必ずなると思います。

今は、制度がまだ十分でないので我慢してもらわなければいけないところが多々ありますけれども、ぜひ頑張ってほしいと思います。

司会　ありがとうございました。

金子先生、今議論されている今後の生き方に関して、いかがでしょうか。

金子　全員参加に関して言えば、ここまで高齢者が話の中心になっていますが、障害者や女性のような、これまで自分の持てる力を十分発揮できていないのではないかと思われる層については、基本的に同じ構造があるわけです。これから目指すべき社会について一言で表現するなら、誰であろうと個人の持てる能力を最大限に発揮することが基本的人権だと認識されるような社会だと思います。これは個人にとっても重要なことであるし、社会にとっても今後は必須なことです。しかし、そういう社会の枠組みづくりは、政府等公の側で工夫しなければならないところが多いのではないかと思います。二〇一五（平成二七）年に国連で合意されたＳＤＧｓ（持続可能な開発目標）は、次の世界を切り開くための当面の目標を定めたものですが、その理念の一つに、〝**Leave no one behind**〟**（誰一人取り残さない）**というのがあります。本当の意味での全員参加ということは、そういう捉え方をするべきだと思います。

もう一つの大きな目標として、先ほど、高齢者の量の問題を克服するためには質に目を向けるべきだということを申しましたけれども、その例に挙げた、健康、教育に加えて、人間や社会の品格のようなものが大切になってくるのではないかと思っています。高齢者が選挙などの際に、数を頼んで自らに有利な選択を導いているのではないかということは、よくシルバー民主主義などとして揶揄《やゆ》されているのですが、果たして人々は自己の利益のみを考えた投票をしているのか、今後もしていくのかという疑問があります。

支え合いというものがこの社会をつくっているということをきちんと理解すれば、自分以外の価値、自分以外の人たちの価値をもっと認められる社会が来るのではないかと思うのです。その最たるものは、次世代やまだ見ぬ将来世代の人たちについて、もっと心を寄せられるようにはならないものだろうか、ということです。先ほど将来世代に借金をつけ回す問題も出ていましたが、われわれは、自分たちの選択が、自分がいなくなった世界をも左右するという事実、あるいは責任から目をそらしてこなかったか、という疑問があります。実は、これこそが少子化問題の根底にある重要な要素なのではないかとも思っています。

日本の社会は、経済発展等大きく成功した分野がある反面、その代償に何か置き去りにしてきたものはなかったのかと考えることがあります。例えば、自分も含め大人の目は前ばかり向いていて、背後にいる子どもたちに向いていなかったのではないか。あるいは次世代や将来、社会を継承していくまだ見ぬ人たちに対して、どういう気持ちを持ってきたのだろうか、ということです。

自分の世代が終わればそれで終わりということではないはずなのに、現実味が感じられず、現在の豊かさのみを求めて競争したり、経済合理性が最も評価されたりしてきています。前近代から近代を経て、ポストモダンに向かうという大切な節目のときに、われわれは指針を見失って、迷走しているような感じがするのです。その指針とは、過去の世代が大切に持ち続けてきた、例えば、世代の継承というような価値観である気がします。

　これは倫理的な話なので年寄りくさい言い方になっているかもしれませんが、そうした倫理的、哲学的問題について、真剣に議論すべき段階が来ているように思うのです。インフォームドコンセントという言葉がありますが、社会を維持していくためには、当然皆が負担を分け合って支え合っていくことが必要で、そうした「当然」を全員が理解し、全員で議論していくことが、「全員参加」であり、一番ベーシックに重要なところではないかと思います。

複線的で後戻り可能で年齢横断的な社会こそが幸福のシステム

司会　少し違った議論をさせていただきます。先ほど言及した新しいコミュニケーションツールにつきまして、先日、大学の先生と話しておりましたら、こんな話がありました。大学の入学式で仲良く話をしている女の子同士がいたので、同じ高校なのかと先生が聞いたら、違うのです。春休みに一人の女の子がツイッターで、私はこの大学に入るとつぶやいたら、わっとみんな集まってきて、そこで仲良くなったそうです。

ところが、入学した後は、そのグループの中だけで付き合いが終わってしまって、クラスの中のほかの子の名前さえ半年たっても覚えていないというのです。そのため、SNSは、いいコミュニケーションツールではあるのだけれども、内向きのコミュニケーションにどうもなりがちだという話がありました。なぜこんなことを申し上げたかと言いますと、新しいコミュニケーションツールには、先ほどの孤立化を防ぐ意味でいい点もたくさんあると思いますが、反面で内向きのコミュニケーションになってしまうという怖さみたいなところもあるのではないかと思います。自分たちの仲間だけで価値観を共有していくのだけれども、それがほかの人たちを排除するようになるおそれもある。そういう点が、先ほどの支え合いという観点から見て、少し気になっているところもあるのですが、宮本先生、いかがでしょうか。

宮本　今の女の子たちの例に対しては、少し話を一般的にし過ぎてしまうかもしれませんが、まずその女の子たちのグループが入学当初はいいのだけれども、四年間あるいは卒業後もコミュニティーとして持続していったかどうかというと、きっといろいろあったのではないかと思います。つまりその中でいろいろな序列が生まれたり、嫉妬が生まれたり、これは当たり前ですよね。人間のお付き合いですから。

今、司会の方が言われたことは、幸福とは何かと考えたときに、「イースタリンの逆説」という言葉があり、リチャード・イースタリンという経済学者が、年収が一定額を超えると、経済的豊かさと幸福というのは相関を失っていくのだと言っています。これについては、ダニエル・カーネマンという、アメリカの行動経済学の論者が、ギャラップ社のデータ四五万件で分析して、かなり高い水準なのですが、年収七万五千ドルを超えると幸福と収入というのは関係を持たなくなっていくということを、研究として発表しています。

そうなると、お話にあった女の子たちのようにつながりの価値というものが非常に大事になってくるのですが、あえてそのコミュニティーがどこまで続いたかという意地悪を言ったのは、つながっていればいいというものではないと思うからです。われわれにとって経済よりも大事なのは、幸福を決めるのは、つながりだと。でも、つながっていればいいというものではない。例えば、嫌な忘年会というものはありますよね。でも無理にテンションを上げて盛り上げて、終わった途端ほっとするような、辛いつながりもあります。やはり、われわれにとって大事なつながりというのは、相手を認め、自分も認められるというつながりが、人生のいろいろなステージ、ライフサイクルの中で多元的につくられていく、そのことが重要なのではないかと思います。
問題なのは、平成の三〇年間かけて、いろいろ改革を試みてきた、そして、今もその改革の途上にある私たちの生活保障、私は働き方と社会保障を合わせて生活保障と言っているのですけれども、その生活保障の仕組みが、SNS等も通じた新しいつながり方を豊かに支える仕組みになっているかというと、そこが大変疑問であるということだと思います。現在の仕組みは、単線的で、後戻りが難しくて、そして年齢輪切り型です。これは、先ほど言ったように、つながりをどんどん新しくつくり直し、選び直すという幸せな人生のインフラとしてはあまり出来がよくない、それどころか、むしろ厳しい状況にあると思うのです。年収を上げていく上ではいいシステムだったのかもしれません。特にこれまでのSociety 5.0と言われる前のSociety 4.0くらいのところまでには、この仕組みがベストな仕組みだったのかもしれない。

Society 5.0（超スマート社会）とは、サイバー空間の積極的な利活用を中心とした取り組みを通じて、新しい価値やサービスが次々と創出され、人々に豊かさをもたらす、狩猟社会、農耕社会、工業社会、情報社会に続く人類史上五番目の社会、とされています（「経済財政運営と改革の基本方針二〇一七」）。第五期科学技術基本計画（二〇一六年一月閣議決定）

において提唱されました。

　しかし、今考えなければいけないのは、**単線的ではなくて複線的な仕組み**です。それは、いろいろな意味でです。仕事でも、副業的に何か別の働き方と合わせ技でやっていくということ。あるいは仕事、家庭、地域と居場所を振り分けていくことも大切になっています。そんな複線的な構造というのが、まず一つです。どこかで行き詰まったら逃げ道があるというか、どこかのつながりが苦しくなったら別なつながりでつながり直すことができるということがとても大切なのではないか、と思うのです。

　二つ目が、**後戻り可能**ということですよね。私がよく言っていることなのですけれども、スウェーデンでは、高校から大学に進学する若者の中で、直接進学するのは全体の四割くらいで、六割くらいはいったん働いてみてから納得感のある仕事に就くために学業を選択し直して、大学に進学するのです。日本では今、社会人入学が可能になるのは定年後ということになりがちですけれど、これがもっと若いうちからできればいいのにと思ったりするわけです。

　三つ目が、**年齢輪切り主義ではなくて、年齢横断的なライフサイクル**です。つまり、いろいろな職場、さらには地域の居場所に、いろいろな年代の人がもっといていいのではないか、ということです。職場のヒエラルキーが全てであるということになってしまうと、自分より年下の上司がいるなんて耐えられないことになってしまうかもしれないけれど、複線的であって、それはあくまで自分の人生の一つのフェーズであるならば、全然構わないわけです。ほかにいろいろなフェーズがあって、そこで自分の役割についていろいろな出し方ができるならば、一つ一つのフェーズの人間関係には柔軟に対処できるし、むしろそういう中で年下の人たちとの付き合い方を学べるならば、その後の人生も豊かになるはずなのです。

だから、**単線的、一方通行的、年齢輪切り主義的な社会にかえて、複線的で後戻り可能で年齢横断的なシステムにしていくことが、実は幸福に近づくためのインフラなんだ**ということが言えるのではないか。

そうした中で、先ほど村木先生からスキルの話が出ましたけれども、そのスキルを一つの会社の中だけで通用するものでなく普遍的なスキルにしていくことが大事だと思います。そのスキルも幾つか側面があって、働くスキルもその一つに過ぎない。その場合、働くスキルについての問題は、日本の会社は、そもそも大学では余計なことを教えない

でよろしい、素直に育ててほしいという姿勢なのです。今インターンシップが大流行で、売り手市場ともいわれる中、青田買い的インターンシップが二年生から始まってしまっていて、何のための大学かわからない状況になっているのですが、事程左様に、大学で何を学んできたかを重視しない会社が依然として多いのです。そういうところを超えて、村木先生がおっしゃったことなのだけれども、もう少し普遍的なスキルにしていく必要がある。そのこととメンバーシップは矛盾しないどころか相乗的であると思うのです。普遍的なスキルをつくっていき、そして水が合わなければ出ていける。そのことが本当にもっといいメンバーシップ、つながりに出会うためにも必要であって、だからこそスキルが普遍的であることが大事になってくると思うのです。

そういう意味で、スキルについては、まず働くスキルがあり、二番目に**つながるスキル**がある。これも、日本的な会社の中でのつながり方だけではなくて、時にはそこを出ていき、たとえば地域で自分にとって本当に楽で楽しい関係をつくれるスキルというのが大事だと思います。働くスキル、つながるスキルの両方で、ある会社の中でのスキルを超えたものをいかにつくっていくことができるかが大事になると思います。この点については、特に男性がこれをつくっていけるかということが問われると思います。最初のお題、女の子たちのコミュニティーの話から出発して話を広げてしまいましたけれども、そういうことではないかと思います。

今後の生き方へのアドバイス

司会　そろそろ終了の時間になりましたので、最後に皆様に一言ずつお願いしたいと思います。本日の座談会でのいろいろな議論に対するご感想と、また、読者の皆様に対して、今後の生き方へのアドバイスないしはコメントをいただければと思います。では、金子先生からお願いいたします。

――これからは個人による選択の時代、現場の時代――

金子　**これからの個人にとっての状況は、自分で選択して生きていかなくてはいけないということ**だと思うのです。単線が複線になる場合にでも、その複線を自分で選んでいかなければいけないわけです。したがって、個人は自分の人生を選択していくスキルを若い時代に培わなければいけない。それには、当然、そのような教育を伸ばしていかなくてはいけない。単なる知識を入れることも重要ではありますが、明治時代以降、日本で現在まで続いている知識中心の教育では、先ほど言ったようなインフォームドコンセント的な民主主義というものはできてこないのではないかと思います。

個人ということをもう少し広げて言うと、全て**現場の時代**だと思うのです。一人の社会のリーダーが一つの方向に向かって引っ張っていくということは、これからはなかなかできなくなり、**各現場現場で、そして各個人個人が課題を解決し、新しいやり方を切り開いていく。そのための能力を全ての人が身につけて、より高い段階の社会を築いていかないことには、次の時代にはつながっていかない**のではないでしょうか。少子化や次世代育成をどうするかということもその一つです。

そこで現状について、一つ心配なことを言うとすれば、相変わらず過去の成功体験から、そして何でも上から決めようとする動きがあるということです。リーダーが何か目標をつくって、人々が一丸となって動くことが有効な場合もありますが、これからの社会では、やはりそうではなくて、個々人が力をつけ、国民一人一人が考える社会をつくることが必要ではないかと思います。

司会　ありがとうございます。

村木先生、お願いします。

―自立とは、たくさんのものに少しずつ依存できる状態―

村木　少し繰り返しになるところもありますけれども、私は、労働については、実現しなければいけないのは全員参加だろうと思います。たくさんの人に参加してもらうためには、働き方が多様であること、あるいは人生のステージや体力の状況によって変えられるという柔軟な働き方が大事になってきます。そうすると、働き方がばらばらになる中でフェアな処遇、評価というものを労働市場でどうつくっていくかが大事になります。

一億総活躍という言葉が出る二年ぐらい前（二〇一四（平成二六）年二月）に、厚生労働省の雇用政策研究会がそういうレポートを発表していて、その副題が私はとても好きなのですけれども、「仕事を通じた一人ひとりの成長と、社会全体の成長の好循環を目指して」というものです。一人一人が充実感を持って自分の人生を送れることが、社会がよくなることにつながる、好循環が生まれるということはすごく大事だと思っています。そういうことをやって支え手を増やして、社会の支えを増やさなければいけない。

社会保障については宮本先生がご専門なので僭越ですが、私が最近気に入っている言葉があって、非常に抽象的ですが、「**自立というのはたくさんのものに少しずつ依存できる状態だ**」という言葉です。これはすごく健全な自立です。人や物に頼らないことではなくて、たくさんのものに依存できる、依存できるものがたくさんある、セーフティーネットがいくつも用意されていて、そんなに負担にならずにそれぞれの制度や地域や会社などが支えている、これは非常に健全な広い意味の社会保障なのではないかと思っています。こういう状況を、知恵を出してつくれるとすごくいいのではないかと思っています。

それらを両方含めて、若い人に社会はこう変わってきたという話をしなければいけない。停滞の二〇年に生きているので、社会は変わるということの実感がない若い人がとても多いので、社会も制度も変わってきたし、変えるのは自分たちだということを若い人に伝えるというのが、われわれの世代の役割ではないかと思っています。

今回の金子先生のレポートは、先生の分析を含めて伝えるためのとてもいい材料ではないかと思いました。

司会 ありがとうございました。

宮本先生、最後によろしくお願いいたします。

─ 病は市に出せ、「しーとやんめー」は隠すな ─

宮本 今回の座談会のテーマをいただいたときに頭を抱えてしまったのですけれども、どうやって生きたらいいかについてのアドバイスなどというのは、私は一番苦手な部類なのです。

うまいまとめ方にはならないのですが、村木先生が数年前にされた講演の中で「生き心地の良い町」(*)という本の紹介をされておられました。その講演を聞いて、私はまだ「生き心地の良い町」を読んでいなかったので、すぐ読みました。その本には、徳島県の海部町（現在は海陽町）という、この人口規模では自殺率が一番低い町のことを書いていていて、そこでよく言われる言葉として**「病は市に出せ」**という言い方を紹介しています。つまり、病気は市場に出してでもオープンにせよという意味です。そこでは、メンタル的に参ってしまっても、それを隠さず、私は参っているのとみんなに言い、あるいはみんなが平気で、あなたは調子悪いんじゃないのと言っておせっかいし合って、そしてみんなで支え合っていくという。自殺率が低い背景の一つをそんな町民の関係に見ているわけです。

*岡　壇「生き心地の良い町　この自殺率の低さには理由がある」（二〇一三年七月、講談社）

そして、その後、北海道の「べてるの家」の向谷地さんと話していたら、沖縄の方言、格言で**「しーとやんめーは隠すな」**という言葉を紹介されました。「しー」は借金のこと、「やんめー」は病のことで、「病は市に出せ」と全く同じ言葉が沖縄にもあって、沖縄も少しゆったりした地域ですので、同じことが言われているんだなとすごく納得した覚えがあるのです。

「べてるの家」は、一九八四（昭和五九）年に北海道浦河町に設立された、精神障害などを抱えた当事者の地域活動拠点で、社会福祉法人浦河べてるの家、有限会社福祉ショップべてるの活動等があり、総体として「べてる」と呼ばれています。

浦河赤十字病院の精神科を退院した当事者たちによる「どんぐりの会」のメンバー数名が浦河教会の旧会堂を拠点として昆布の袋詰めの下請け作業の活動を開始したのが始まりとされています。

「三度の飯よりミーティング」、「弱さの情報公開」、「安心してサボれる職場づくり」、「偏見差別大歓迎」などのユニークな理念を掲げ、当事者が、日高昆布商品製造・通信販売、製麺、農作業、カフェ等の様々な活動を展開しています。

向谷地生良氏は、浦河赤十字病院に精神科ソーシャルワーカーとして勤務。その後、べてるの家の設立に関わり、現在でも社会福祉法人浦河べてるの家の理事を務めておられます。

日本社会では、まだ自分が弱っているときに、軽々にそれを口にできないというところがあります。人間はいつまでもピンピンではいられないですし、みんな本来どこか生きにくさを抱えて生きているわけです。ところが、一方通行であって、後戻りがきかない、年齢に応じた働き方や生き方を遵守しなければならない社会では、自分が弱っていることをアナウンスして休んだり遠回りしたりすることは難しい。「しーとやんめー」

を隠さなければいけない、病は市に出してはいけないシステムというのが、続いているように思うのです。

ここからは先ほどの村木先生のお話と重なりますが、弱ってしまったときに、会社や親や配偶者を含めて特定の個人に依存するのではなく、いろいろなところに少しずつ頼ることができて、元気を回復できて主体性も確保できる、それを可能にする仕組みが大事なのではないかと思うのです。

それは、システムとして考えると、先ほど言った複線的で、後戻り可能で、年齢横断的な形ということになろうかと思います。ただ、そういう言い方をすると少し難しいので、「病は市に出せ」や「しーとやんめーは隠すな」が実践できる社会という表現をしてもよいでしょう。「しーとやんめー」のときに頼ることができて、置いていかれることがない、「アウト」と言われてしまわない、そんな共生の場を会社であれ地域であれつくれているか。

逆に、人が「しーとやんめー」を抱えているときに、社会がどのようにそこで支援できるかということも考えてよいでしょう。

大げさに「かわいそう」と言いたてれば、実はその人自身がもっと力を失ってしまうかもしれないし、ともかく休んでいなさいと言ってどこかに押し込めてしまったら、もっともっと社会との接点を失ってしまうかもしれない。そんな支援の仕方を含めて、人と人とが自分の弱さを隠さないですむつながりや制度を持った社会が、実は本当に強い社会なのではないかと、最近思っております。

司会　長時間にわたって、いろいろお話をいただきましてありがとうございました。

（開催日　平成二九年一二月一八日）

あとがき

　本書の企画について、厚生労働統計協会の方が、私のもとに相談に来られたのは、一昨年の暮れのことでした。同協会は「国民衛生の動向」「保険と年金の動向」といった社会保障関係の専門書発行で定評がありますが、長年にわたる厚生労働統計の整備・提供という役割を通して、社会の変化を見つめてきた機関でもあります。その豊富な経験をもとに今後の日本の経済社会がどのようになっていくのかについて、組織内で議論を行ったといいます。

　担当者の説明では、近年、人口問題を起点とした本質的で不可逆な社会変容が進行していることに危機感を覚えており、そうした過程の実相を一般の読者に訴え、ともに考えるための本を刊行したいということでした。そこで、以前から原稿執筆や講演などでお付き合いのあった私に相談が持ち込まれたというわけです。

　近年は一般読者においても人口問題への関心は高まっており、これを解説する書籍も多数出版されています。しかし、人口学を専門とする立場からすると、残念ながら人口減少や高齢化、そして少子化などに関する知見には誤解や不正確な記述を見ることが少なくありません。今後は、社会の進路を決める際に国民的な議論が重要となってきますから、これは困ったことです。

私自身、そのような問題意識を持っていましたから、協会から相談のあった際、わかり易いけれども正確な内容を多くの読者に伝える一般書を刊行するというのは、とても重要なことに思え、執筆の依頼を引き受けることにしました。以降、協会の方々と一緒に、企画や執筆に取り組み、ときには今後の日本を支える若い世代に属する職員さん達にも参加をお願いして、討論を行ったりもしました。

とりわけ、わが国の社会保障、労働政策の権威である村木元次官、宮本教授のお二方との座談会を開催していただいたことは、この上もなく有意義なことでした。その内容は、歴史的転換期にあたる平成時代の特質と課題を鋭く、しかしわかり易く記述し、記録したものとなりました。これらが次の時代を考える出発点になることは、言うまでもありません。この座談会が本書の第二部を構成しています。

本書で何度も指摘したように、わが国は人類がこれまで経験したことのない状況の中で、世界の先頭に立って新しい時代を切り開いていかなければなりません。そして、それを成し遂げていくのは、これまでのように中央の指導者や特別な人たちではなく、たとえば婚姻率や出生率を司る家族形成期の男女であったり、健康を気遣いながら社会貢献を続ける「高齢」者であったり、さまざまな現場を支える一般の人々です。真の全員参加、真の民主主義の時代を開き、生きていく読者の皆様にとって、本書がそうした見通しを得て、新時代に備える際の一助になれば、こんなにうれしいことはありません。

最後に、原稿執筆や校正作業について私を支え、励ましてくださった厚生労働統計協会の担当の皆様に御礼を申し上げたいと思います。

平成三十年六月

金子　隆一

執筆者・座談会出席者略歴

金子 隆一（かねこ りゅういち）

1956年東京都生まれ。1982年東京大学大学院理学系研究科修士課程（自然人類学）修了。明治大学政治経済学部特任教授。ペンシルバニア大学人口学博士。1982年国立社会保障・人口問題研究所に参加以来、プリンストン大学、ロックフェラー大学における在外研究、米国人口会議奨励研究員、同研究所副所長などを経て2018年より現職。アジア人口学会理事、日本人口学会会長などをつとめる。主著に『ポスト人口転換期の日本』（2016年編著）、『人口減少と日本経済』（2009年共著）、『21世紀の統計科学Ｉ』（2008年共著）など。

宮本 太郎（みやもと たろう）

1958年東京都生まれ。中央大学大学院法学研究科修了。中央大学法学部教授。福祉政治論専攻。立命館大学法学部助教授、北海道大学法学部教授などを経て、2013年より現職。単著に『共生保障　「支え合い」の戦略』（岩波新書）、『生活保障　排除しない社会へ』（岩波新書）、『福祉国家という戦略　スウェーデンモデルの政治経済学』（法律文化社）、『福祉政治　日本の生活保障とデモクラシー』（有斐閣）など。安心社会実現会議委員、内閣府参与、総務省顧問、男女共同参画会議議員、中央教育審議会臨時委員、社会保障制度改革国民会議委員など歴任。現在、日本学術会議特任連携会員、社会保障審議会委員、全国社会福祉協議会理事などつとめる。

村木 厚子（むらき あつこ）

1955年高知県生まれ。1978年高知大学卒業。同年労働省（現厚生労働省）入省。女性政策、障がい者政策などに携わり、2008年雇用均等・児童家庭局長、2012年社会・援護局長などを歴任。2013年7月から2015年10月まで厚生労働事務次官。現在は、津田塾大学客員教授、伊藤忠商事（株）社外取締役など。著書に『あきらめない』（日経BP社）、『私は負けない』（中央公論新社）など

西山 裕（にしやま ゆたか）

一般財団法人厚生労働統計協会常務理事

新時代からの挑戦状
未知の少親多死社会をどう生きるか

2018年７月５日　第1刷発行

執筆者　**金子隆一**

編集・発行　**一般財団法人 厚生労働統計協会**

〒103-0001
東京都中央区日本橋小伝馬町4番9号
小伝馬町新日本橋ビルディング3階

電話　03-5623-4123（代表）
　　　03-5623-4124（編集部）
FAX　03-5623-4125

ホームページ
http://www.hws-kyokai.or.jp/

乱丁・落丁の場合はお取替え致します。

印刷　奥村印刷株式会社

ISBN978-4-87511-773-5